# 心理学のための
# サンプル
# サイズ
# 設計入門

JUNICHIRO MURAI　　TAKA-MITSU HASHIMOTO
村井潤一郎　橋本貴充 編著

講談社

## 執筆者一覧 （[ ]内は担当箇所）

**編著者**

村井潤一郎（むらいじゅんいちろう）　　文京学院大学人間学部　教授　[第1章，付章]

橋本貴充（はしもとたかみつ）　　大学入試センター研究開発部　准教授　[第1章，付章]

**執筆者**

杉澤武俊（すぎさわたけとし）　　早稲田大学人間科学学術院　准教授　[第2章]

石井秀宗（いしいひでとき）　　名古屋大学大学院教育発達科学研究科　教授　[第3章]

井関龍太（いせきりゅうた）　　大正大学心理社会学部　准教授　[第4章]

国里愛彦（くにさとよしひこ）　　専修大学人間科学部　教授　[第5章]

山内香奈（やまうちかな）　　成城大学文芸学部　准教授　[第6章]

宇佐美慧（うさみさとし）　　東京大学高大接続研究開発センター　准教授　[第7章]

# はじめに

　本書は，心理学における量的研究を対象に，サンプルサイズ設計について入門的な解説をするものです。量的データに基づく心理学研究を遂行するうえで，サンプルサイズをいくつに設定するかという点は，研究結果を左右する重要な要因の1つです。しかしながら，データ収集前に何らかの方法でサンプルサイズについて決定する試みは，残念なことに本邦の心理学研究ではほとんど行われていないのが現状です。

　そこで本書では，まず理論的解説を通して基礎的知識を伝え，その後の章では，具体的な研究例をとりあげながら，サンプルサイズ設計の実際について，（統計的検定の種類ごとではなく）研究領域ごとに章を割り振り解説していきます。計算については，主としてRを用い，読者自身の研究への活用可能性を高める工夫をしています。

　具体的に見ていきましょう。第1章ではサンプルサイズをめぐる諸問題についての導入的解説を，第2章では検定力分析に基づくサンプルサイズ設計の解説を，第3章では信頼区間に基づくサンプルサイズ設計の解説をしています。これら3つの章で，サンプルサイズ設計についての基礎的知識を得ることができるでしょう。その後の4つの章は，より実践的，具体的な話になります。第4章では，認知心理学研究におけるサンプルサイズ設計について解説されます。重要な諸概念についての説明とともに，主張的，説得的な論が展開されます。また，Rではなく PANGEA による計算過程が紹介されます。第5章では臨床心理学研究におけるサンプルサイズ設計について解説されます。プロトコル論文におけるサンプルサイズ設計が複数紹介されますが，実際の文言がその都度引用されますので，サンプルサイズ設計の実際が見えやすいでしょう。第6章では，社会心理学研究におけるサンプルサイズ設計について解説されます。まず，社会心理学系各誌のサンプルサイズの実態に関して興味深い集計結果が紹介され，その後，著者自身の実践研究において，どのようにサンプルサイズ設計がなされたか，自身の体験を踏まえ具体的に述べられます。第7章では，発達心理学・教育心理学研究におけるサンプルサイズ設計について解説されます。これらの領域では，階層データにはしばしば出会いますが，階層データに関するサンプルサイズ設計についてはなかなか知る機会がありませんので，貴重な論考です。最後の付章では，本文中で用いられているRのプログラムからいくつかピックアップして，Rについてごく

簡単な入門的説明をしています。

　なお，以上の各章間では，実際のところ，同内容の説明，共通する記述・説明などもありますが，著者それぞれがそれぞれの文脈で主張したいと考え執筆したということもあり，重複は基本的にはそのままにしてあります。ただし，相互に参照できるよう，参照章について明示しておきました。また，第4章〜第7章の内容は，心理学の諸領域が章タイトルに付されてはいますが，どの章の内容についても，あらゆる心理学領域に資する内容が書かれています。ある心理学領域にしか興味がないということで特定の章にのみ目を通すということがもしあれば，それはもったいないことです。全体的に目を通していただければ幸いです。以上のように，本書は，心理学研究の実際を意識した作りに仕上げました。本書の刊行が，心理学，およびその関連領域の量的研究の質向上につながればと思っています。最後になりましたが，本書の作成において，講談社サイエンティフィクの瀬戸晶子さんに大変お世話になりました。記して感謝いたします。

2017年2月

村井潤一郎・橋本貴充

「心理学のためのサンプルサイズ設計入門」　■目次

はじめに …………………………………………………………………… iii

## 第1章 心理学研究における サンプルサイズ

村井潤一郎・橋本貴充

- 1.1 問題の背景，現状 ……………………………………………… 1
- 1.2 用語の問題 ……………………………………………………… 5
- 1.3 サンプルサイズ設計の目的，簡単な実例 …………………… 6
- 1.4 検定力をめぐって ……………………………………………… 10
- 1.5 結語 ……………………………………………………………… 14
- Appendix ………………………………………………………… 15

## 第2章 検定力分析に基づく サンプルサイズ設計

杉澤武俊

- 2.1 検定力分析 ……………………………………………………… 21
- 2.2 検定のロジックと検定力を考慮することの重要性 ………… 22
- 2.3 検定力分析の方法 ……………………………………………… 23
- 2.4 効果量についての詳細 ………………………………………… 27
- 2.5 Rによる検定力分析の実行例 ………………………………… 33
- 2.6 結語 ……………………………………………………………… 41

## 第3章 信頼区間に基づくサンプルサイズ設計

石井秀宗

- 3.1 信頼区間とサンプルサイズ … 42
- 3.2 1群の平均値の場合 … 43
- 3.3 対応のない2群の平均値の差の場合 … 50
- 3.4 対応のある2群の平均値の差の場合 … 54
- 3.5 相関係数の場合 … 57
- 3.6 結語 … 61

## 第4章 認知心理学研究におけるサンプルサイズ設計

井関龍太

- 4.1 認知心理学分野における現状 … 63
- 4.2 既存の検定力分析の枠組みの限界 … 65
- 4.3 一般的ANOVAデザインにおける検定力分析 … 69
- 4.4 分析ツールPANGEAの使用法 … 76
- 4.5 今後の課題とまとめ … 83

## 第5章 臨床心理学研究における サンプルサイズ設計
国里愛彦

- 5.1 臨床心理学研究におけるサンプルサイズ設計の実態 …… 86
- 5.2 臨床心理学研究のサンプルサイズ設計における補足事項 …… 87
- 5.3 研究紹介 …… 93
- 5.4 今後の展望 …… 105

## 第6章 社会心理学研究における サンプルサイズ設計
山内香奈

- 6.1 研究のサンプルサイズとサンプルサイズ設計の実態 …… 107
- 6.2 研究紹介 …… 113
- 6.3 サンプルサイズの決定プロセス …… 115
- 6.4 結果の振り返りと今後の展望 …… 123
- 6.5 おわりに …… 128

## 第7章 発達心理学・教育心理学研究における サンプルサイズ設計
宇佐美慧

- 7.1 階層データとサンプルサイズ設計 …… 129
- 7.2 サンプルサイズ設計の方法 …… 131
- 7.3 サンプルサイズ設計の例 …… 145
- 7.4 まとめと展望 …… 146
- Appendix …… 147

## 付章　Rについて

村井潤一郎・橋本貴充

- A.1　本章の内容 ……………………………… 149
- A.2　Rの使い方〜起動，簡単な計算，終了 ……… 150
- A.3　関数の使用 ……………………………… 153
- A.4　パッケージの使用 ……………………… 154
- A.5　繰り返し処理 …………………………… 156
- A.6　関数の作成 ……………………………… 157

　　引用文献 ……………………………………… 159
　　索引 …………………………………………… 165

# 第1章 心理学研究における サンプルサイズ

■ 村井潤一郎　■ 橋本貴充

## 1.1 問題の背景，現状

　「はじめに」にも書きましたが，本書は，心理学における量的研究を対象に，サンプルサイズをいくつに設定したらよいのか，すなわちサンプルサイズ設計（例数設計といわれることもあります）について，実例を交えながら入門的な解説をするものです。量的データに基づく心理学研究を遂行するうえで，サンプルサイズは研究結果を左右する重要な要因の1つです。今も変わらず，量的データを用いる心理学研究のほとんどにおいて統計的仮説検定が用いられ，導出される結論は有意か否かに依拠していますが，サンプルサイズが大きければ大きいほど有意になりやすいことは，よく知られています。しかし，データ収集前に何らかの方法でサンプルサイズについて決定する試みは，本邦の心理学研究ではほとんど行われていないのが現状です。本書では，まず続く第2章，第3章で基礎的知識についての解説を行い，第4章以降では，具体的な研究例をとりあげながら，サンプルサイズ設計の実際について，認知心理学，臨床心理学，社会心理学，発達心理学・教育心理学の研究領域ごとに章を割り振って解説していきます。

　心理学の教育に携わっていると，特に卒業研究の指導において，学生の皆さんから，「サンプルサイズをいくつにしたらよいのか」と質問を受けることがあります。卒論指導をした経験のある教員であれば，一度は受けたことがある質問なのではないでしょうか。当然の質問だと思います。自身の研究の遂行にあたり，「研究参加者集め」にどこまで頑張ったらよいのか，と疑問に思うことは自然でしょう。これはプロの心理学者においても同じことです。

　上記の質問を受けたとき，教員はどのような回答をしているのでしょうか。実のところ，曖昧な回答しかできないことも多いとは思いますが，回答にはいくつかのパターンがあると思います。以下，3つ挙げてみましょう。

　第1に，自分自身の研究領域における「相場」でアドバイスをする，ということがあります。たとえば，実験法を主として用いている教員であれば，学生の扱っ

ているそのテーマで，学生が行おうとしているその実験計画では，過去の研究ではどのくらいのサンプルサイズが相場であるか，何となくのイメージが頭にありますから，そのイメージに基づき回答するのです。第2章でも登場しますが，検定力分析で知られるCohenは，学生時代，「群比較をするときの適切なサンプルサイズは各群30」と習ったそうです（Cohen, 1990）。こうした「経験則」には意味がありますが，客観性に欠けるという側面は否定できません。しかしその一方で，教員の皆さんには，「各群30」というのは，何となく「ほどよい」感じに映ることでしょう。実際に，「各群30くらいで」というアドバイスをされた方もいらっしゃるのではないでしょうか。ちなみに，後で紹介しますSimmons, Nelson, & Simonsohn（2011）は，「各セル少なくとも20」という指針を打ち出していますが，20のほうがより「ほどよい」と感じる方もいるでしょう。

　学生にも，もちろん教員と同じではないですが，サンプルサイズについてあるイメージがあるようです。卒業論文の研究計画発表を聞いていると，質問紙調査法を用いた研究計画のサンプルサイズについて，男性100人，女性100人，計200人，と計画書に記す学生が多いように思います（著者ら自身の経験に基づきます）。きりのよい数字，授業内での集合形式での調査ということを考慮したうえでの数値だと思いますが，この場合，対応のない$t$検定を行うことを想定し（両側検定，5％水準），よく知られたCohenの基準（Cohen, 1992）に基づき検定力を計算すると，表1.1のようになります（以上の詳細は第2章を，Rの入出力例は本章末をご覧ください）。学生の卒論を想定すると，小効果量の場合は多いと推測されますが（もちろん扱う変数によります），その場合の3割の検定力というのは，低い値といえるでしょう。一方で，大効果量の場合はほぼ1です。表1.1より，効果量が大きければ，それだけ検定力は高くなるということがわかります。

表1.1　対応のない2群（各群100名）に対する$t$検定を行う場合の検定力

| 小効果量 ($d=0.2$) | 中効果量 ($d=0.5$) | 大効果量 ($d=0.8$) |
| --- | --- | --- |
| 0.29 | 0.94 | 0.99 |

　効果量については第2章で説明されますが，少し触れておきますと，上記の例の場合は，

$$効果量 = \frac{群1の母平均 - 群2の母平均}{各群共通の母標準偏差}$$

というものです（正確には母集団効果量です）。分子を見ればわかる通り，（分母を一定だと考えれば）2群の平均値差が開けば開くほど，この値は大きくなります。これが効果の大きさです。群1が実験群，群2が統制群であれば，効果が大きければ大きいほど，分子は大きくなるわけです。ここで1つポイントがあります。ここで取り扱っているのは，あくまで母集団の値です。この点については，後ほど述べる「観察検定力」が関連します。

さて，第1の回答が長くなりましたが，次に第2の回答です。それは「多ければ多いほどよい，できるだけ多く集めるように」というものです。これもありそうなアドバイスで，「正しい」とは思います。単純な話，サンプルサイズが大きければ大きいほど，そのデータはより信頼できるわけです。しかし，その一方で，この点については特に，研究のタイプを考える必要があると思います。母集団における政党支持率のように，真値をできる限り精度よく推定したい，すなわち母集団における値を正確に知りたいという志向性が強いときには，確かに「多ければ多いほど」はあてはまるでしょう。一方，統計的仮説検定を適用する研究では，「多ければ多いほど」というアドバイスは，実質的に意味のない小さな差異まで検出してしまうという弊害をもたらします。その場合には，データ収集における停止規則（stopping rule），つまり「ここまで行ったらデータ収集をやめよう」と事前に決めておくことについても，あわせてアドバイスするとよいと思いますが，ともあれ，この第2の回答は，研究目的によって変わってくる面があるので，やや一面的であるように思えます。また，卒業研究においては，真値の推定を主目的にした研究がそれほど多くないのではないかということもあります。

第3の回答は，検定力分析あるいは信頼区間に基づきサンプルサイズを決定するようにというアドバイスです。前者は第2章，後者は第3章で解説されますが（後者は，正確度分析（precision analysis）といわれることもあります），これらがまさに本書がターゲットとしているところになります。しかし，実際の指導場面でこの回答をする教員は多くないのではないかと踏んでいます。この点については，心理統計の入門書ではほとんど解説がなされていないことが一因です。芝・南風原（1990）では，標準効果量に基づくサンプルサイズ決定について述べられ，山田・村井（2004）では，検定力分析についてコラムで述べられていますが，これらは少数派でしょう。信頼区間に基づくサンプルサイズ設計については，石井

（2005）や石井（2014）がわかりやすいと思います。書籍の不在という要因以外に，もちろん論文の要因もあります。実際の心理学論文で，サンプルサイズの決定に関する記述がほとんどなされていないということです。それゆえ，サンプルサイズ設計についての成書の必要性があると思っているのです。

著者らは，これまでにもこのテーマでいくつか書いていますが（村井，2006；橋本，2004），大事な問題だと常々考えてきました。村井（2006）では，サンプルサイズ決定の現状に言及したうえで，検定力分析を用いてサンプルサイズの決定をした実例として村井（1998, 1999）を紹介し，あわせてソフトウエアの紹介などもしています。村井（1998, 1999）では，効果量について事前の知識がない状態でのサンプルサイズ決定の試みがなされていますが，予備実験，予備調査などを行うことで，母数を見積もることができれば，それはサンプルサイズ設計に用いることができます。橋本（2004）は，対応のない $t$ 検定，参加者間1要因の分散分析，Tukey の多重比較を対象に，予備実験の結果をもとに，母数の推定の不確実さを考慮しながら本実験で「ほどよい」サンプルサイズを決定する方法について述べています。

以上のように，著者らは，サンプルサイズ設計について過去に少し主張したわけですが，今に至るまで，日本の心理学界における事態はほとんど変わっていないといって差し支えないと思います。この点に関連するわずかな変化としては，論文における効果量の記載の広がりがあると思われますが，サンプルサイズ設計については相変わらず以前のままでしょう。もちろん，著書や論文を少し出したところで事態が変わるわけはないのですが，今回の出版は，著者らのさらなる主張です。

なお，本書では，原則として頻度論をベースにしています。つまり，研究で統計的仮説検定を用いるという前提を置いています。ベイズ統計学ではサンプルサイズのもつ意味が変わってきます（繁桝，2000）し，そもそも検定を用いることの是非ということも，本書の対象外にしています。もちろん，心理学で扱っている現象は有意か否かという二分法的なことなのかという問題も重要ですし，また，2015年に社会心理学系の雑誌 *Basic and Applied Social Psychology* で「検定禁止令」が出たこともあり（Trafimow & Marks, 2015），検定の是非も重要な問題ではありますが，本書は「検定ありき」の本としています。

## 1.2 用語の問題

　以上では,「サンプルサイズ」という語を用いてきました。本書のタイトルにも「サンプルサイズ」という語を冠しています。この語が最も妥当な語であると判断し,これを用いていますが,ほかにも「標本サイズ」「標本の大きさ」「標本数」「サンプル数」の4つがあります。「データ数」という語もありますが,「サンプル」の語が含まれていないので,ここでは除外して考えることにします。

　英語には,「sample size」1つしかありません。それを訳出した結果,日本語ではいろいろあるのです。「標本サイズ」「標本の大きさ」「標本数」「サンプル数」4つとも用いられていると思いますが,「標本サイズ」「標本の大きさ」は正しく,「標本数」「サンプル数」は間違っているという指摘があります。「標本数」「サンプル数」とは「サンプルサイズ」ではなく,「標本（サンプル）の数」,つまり標本がいくつあるか,ということです。英語では,「number of samples」にあたります。たとえば,3群あり,各群100人ならば,「標本数」「サンプル数」は3,「標本サイズ」「標本の大きさ」は300,あるいは各100,ということになります。

　実際の書籍を見てみましょう。森・吉田（1990）では,「標本の数（number of samples）というとき,それは標本がいくつあるかを指しているのであり,1つの標本のなかに含まれる測定値の数（これを標本の大きさ：sample size と呼ぶ）のことではないので,混同しないよう注意してほしい」と,服部・海保（1996）では,「標本の数と標本の大きさとを混同しないようにしてください」と明確に書かれています。

　一方,東京大学教養学部統計学教室（1994）では,本文中では「標本の大きさ sample size」の語が用いられていますが,索引を見ると,「標本の大きさ（サンプル・サイズ,サンプル数）」と,括弧内に,本来イコールではない「サンプル数」の語が併記されています。松原（2000）も,本文中で「サンプル・サイズ（サンプル数）」と括弧書きをしていますが,同じ章で「サンプル数（正しくはサンプル・サイズ）」とも書いています。柳井（2000）では,本文中で繰り返し,「サンプルサイズ」を指して「標本数」という語が用いられていますし,豊田（2009）でも,全編基本的には「標本数」の語を用いています。加えて,本書と同じテーマである永田（2003）には,まえがきに,「サンプルサイズ（標本数）」と書かれています。日本心理学会の「執筆・投稿の手びき」（日本心理学会, 2015）でも,「標本数」の語が用いられています。

　以上はあくまでごく一部の例であり,当然のことながら,世の心理統計の本や

論文を網羅しているわけではありませんが,「標本サイズ」「標本の大きさ」が正しいとはいえ,「標本数」「サンプル数」については慣例としての使用例が多数あり,必ずしもだめということではないということはいえるでしょう。推測するに,「標本数」という語は,日本語話者にとっては,「サンプルサイズ」を意味する語として,「標本サイズ」「標本の大きさ」以上にしっくりきてしまうという,語感の問題があるのではないでしょうか。そもそも,実際には,どの語が用いられていても文脈からその内容を正しく判断できることがほとんどですし,どの語を用いても実害はないといえます。間違った用語使用であっても,それが広く使われている場合,もはや正しいとみなせるということはあります。逐一目くじらを立てなくてもよいという立場も理解できます。ですが,無難なのは,「サンプルサイズ」「標本の大きさ」「標本サイズ」の使用であり,本書では,基本的には「サンプルサイズ」を用います。

## 1.3　サンプルサイズ設計の目的,簡単な実例

そもそも,なぜサンプルサイズ設計が必要なのでしょうか。山口(2010)は心理統計の本ではありませんが,サンプルサイズが大きすぎる場合は,必要以上に多くの患者が危険にさらされる,研究にかかる資源や費用も無駄になる,逆にサンプルサイズが必要な数に足りなかった場合は,真に差がないのか,それともサンプルサイズ不足で有意差が認められなかったのか,判別できなくなると述べています。これにならって,サンプルサイズの大小に伴うデメリットを,表1.2のようにまとめました。

サンプルサイズは,大きすぎても小さすぎてもデメリットがあるのです。となると,適度なサンプルサイズを見積もることができないかということになります。

サンプルサイズ設計の必要性については,学術論文を投稿する際の指針において

表1.2　サンプルサイズが大きすぎる場合,小さすぎる場合のデメリット

| サンプルサイズが大きすぎる場合 | サンプルサイズが小さすぎる場合 |
| --- | --- |
| ・研究対象者への負担。<br>・研究者への金銭上,労力上の負担。<br>・実質的に意味のない差まで検出。<br>・意味のない知見を意味あるものとしてしまう。 | ・有意差がなかった場合の原因が,効果の大きさの問題なのか,サンプルサイズの問題なのか,判別できない。<br>・重要な知見を発見し損ねる。 |

も明示されています。Wilkinson（1999）では，サンプルサイズ決定のプロセスについての情報の提供を求めていますし，アメリカ心理学会（American Psychological Association, APA）の論文作成マニュアル（APA, 2010　前田・江藤・田中訳 2011）では，「意図したサンプルサイズの決定方法を記す（例：検出力分析，精度）」とはっきりと述べられています（加えて，「中間分析や停止規則を使用して目標サンプルサイズの修正が行われた場合には，その方法と結果を述べる」とまで書かれています）。「例」として「検出力分析，精度」とあるように，サンプルサイズ設計には主に検定力分析と正確度分析の2本柱がありますが，APAのマニュアルの記載順序の通り，心理学では検定力分析のほうが多い印象です。実際に，本書の第4章～第7章でも，検定力分析の比重が相対的に大きくなっています。そこで，本章でも，検定力分析に重点を置きながら記述していきます。もちろん，検定力分析によるサンプルサイズ設計と，信頼区間に基づくサンプルサイズ設計のメリット，デメリットについて論じる必要はあると思いますが，まずは量的な心理学研究において圧倒的多数で統計的仮説検定が用いられている現状があること，検定を用いる以上，検定力に注目しサンプルサイズ設計をする必要があると考えられることから，検定力分析に重点を置きます。ですが，検定力分析のデメリット（信頼区間に基づくサンプルサイズ設計のメリット）もあります。検定力分析は，そもそも効果量を予想，設定しないと実行できないものの，その効果量の予想，設定が難しいという点がそのデメリットです。一方で，信頼区間に基づくサンプルサイズ設計ならば，予想がつかない場合も対応できます（たとえば，相関係数算出に際してのサンプルサイズ設計については南風原（1986）参照）。

　第2章にて検定力分析に基づくサンプルサイズ設計，第3章にて信頼区間に基づくサンプルサイズ設計について詳しい説明がなされますが，以下に簡単に紹介しておきましょう。

　前者については，関連することについてすでに 表1.1 で紹介しました。表1.1 では，対応のない$t$検定を行うことを想定し（両側検定，5％水準），Cohenの基準（Cohen, 1992）に基づき検定力を算出しました。サンプルサイズ設計ではサンプルサイズを求めますので，効果量が中程度の0.5であるとしたときに，検定力が0.8をぎりぎり上回るサンプルサイズがいくつになるか計算してみましょう。効果量が0.5のとき，サンプルサイズと検定力の関係は 図1.1 のようになります。サンプルサイズが大きくなるほど，検定力が大きくなっているのがわかると思います。検定力が0.8を超えるのは，各群のサンプルサイズが64人ずつ，つまり合

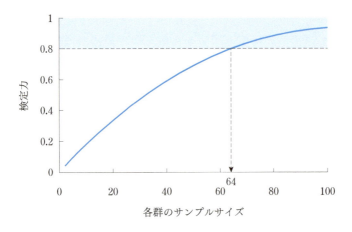

**図1.1** 対応のない $t$ 検定で，効果量が 0.5 のときの，サンプルサイズと検定力

計 128 人のときです。計算すると，各群 64 人になります（本章末の R の入力例参照）。合計 128 人ということです。このように，データ収集前に，サンプルサイズの目安をつけることができると便利です。

次に後者の，信頼区間に基づくサンプルサイズ設計についてです。**信頼区間**とは，詳しくは第 3 章で説明されますが，簡単にいえば，母集団の値について統計的に「あたり」をつけた範囲です。たとえば，標本で 1.1 という平均値差が得られたとき，母集団の平均値差もちょうど 1.1 だとは考えません。「母集団の平均値差が 0.9 から 1.3 ならば，標本で 1.1 という平均値差が得られてもおかしくない」などといった考え方をします。この「0.9 から 1.3」が信頼区間だと考えてください。信頼区間の幅が狭いほど，母集団について精度よく推定していることになります。

対応のない 2 群の平均値差についての場合，信頼区間の幅は，標準偏差とサンプルサイズに依存します。データをとる前ですと標準偏差の大きさは見当がつかないかもしれません。しかし，信頼区間の幅（この半分を計算の対象にすることが多いです）が標準偏差の何倍かという議論ならば，標準偏差の具体的な値に依存しません。**図1.2** は，サンプルサイズと，**信頼区間の半幅**が標準偏差の何倍か（これを $h$ とします）の関係です。サンプルサイズが大きくなるほど，信頼区間の幅が狭くなっているのがわかると思います。信頼区間の半幅が標準偏差の 0.5 倍をぎりぎり下回るのは，各群のサンプルサイズが 32 人ずつ，つまり合計 64 人の

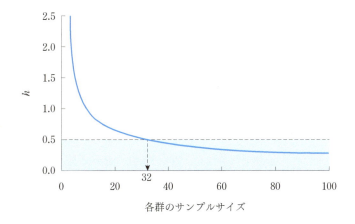

**図1.2** 対応のない $t$ 検定における，サンプルサイズと，信頼区間（信頼係数95%）の半幅が標準偏差に占める割合（$h$）との関係

ときです（本章末のRの入力例参照）。

なお，第3章では，$h$ からサンプルサイズを求めるために，図の縦軸と横軸が本章の **図1.2** と逆になっていることに注意してください。

サンプルサイズ設計について「何となく」のイメージは伝わったかと思います。以上の説明はあくまで簡単な紹介ですので，詳細については第2章，第3章をご覧ください。

本節最後に，そもそもサンプルサイズ設計が必要なのかという問題について触れておくべきこととして，現在の検定理論がフィッシャー理論とネイマン-ピアソン理論のブレンドであるという点について言及したいと思います。芝村（2004）には，各検定論の比較対照表がありますが，サンプルサイズの事前決定については，フィッシャー理論では「×」，ネイマン-ピアソン理論では「○」となっています。ネイマン-ピアソン理論では，有意水準と同様，サンプルサイズも事前に決定すべきものです。フィッシャーは，サンプルサイズに大きな役割を与えるネイマン-ピアソン理論を激しく批判したそうですが（松原，2000），有意水準，対立仮説，検定力，第2種の誤りなど，私たちが検定遂行の際に考慮している諸概念自体を導入したのがネイマン-ピアソン理論であることも鑑みると，サンプルサイズの事前決定だけ考慮しない，というのはいかにもおかしいといえるでしょう。

## 1.4 検定力をめぐって

### 1.4.1 事前分析と事後分析

　サンプルサイズ設計をしたとして，実際にそのサンプルサイズ分のサンプルが収集可能であるかといえば，必ずしもそうではありません。実際に検定力分析に基づきサンプルサイズ設計を行うと，全般的にいえば大きな数値になりがちです（第2章や第4章でも述べられています）。実際にそれだけ集めることができるのかという印象を抱くほど大きなサンプルサイズです。たとえば，先の学生の男女比較の例で，対応のない $t$ 検定（両側検定，5％水準）を行う場合を考えます。小効果量である0.2を，検定力0.8で検出したいということを考えると，各群394人必要になります（本章末のRの入出力例参照）。男女あわせて788人というのは，かなりの大きさです。学生の卒論であれば友人のつて，プロの研究者であれば研究費の残額といった現実的制約が，結果的にはサンプルサイズを規定するのが実状でしょう。ですが，そうであったとしても，1つの目安があるというのは，有用なことです。

　第2章にもありますように，検定力は慣例である0.8としてサンプルサイズ設計を行うことが一般的です。こうした，データ収集前に行う検定力分析を **事前分析** といいます。一方で，研究後，どの程度の検定力であったかという検定力分析もあり，これを **事後分析** といいます。事後分析では，その研究で用いたサンプルサイズと効果量をもとに検定力を算出します。事前分析ではサンプルサイズが，事後分析では検定力が算出対象になるということです。本書はサンプルサイズ設計についての本ですので，以降，基本的には事前分析に焦点を当てていくことになります。そこで，事後分析については本章で述べておきたいと思います。なお，事後分析をめぐる問題については第6章にも記述がありますので，参照してください。

### 1.4.2 観察検定力

　まず，基本的事項について確認しておきましょう。**検定力** とは「対立仮説が正しいときに，対立仮説を正しく採択できる確率」のことです（第3章参照）。しかし，その計算は単純ではありません。たとえば，「2群の母平均に差がある」という対立仮説が採択される確率は，母平均の差の大きさを決めなければ計算でき

せん。ほかの検定の場合にまで一般化していうなら、対立仮説が採択される確率を計算するためには、母集団効果量の大きさを決める必要があります。

通常、検定力の計算は、データをとりはじめる前に、サンプルサイズを決めるために行います。そのため、母集団効果量については、その研究に適当と思われる値を研究者が事前に決めて、検定力を計算します。しかし、データをとった後に、母集団効果量の代わりに、実際に観測された標本効果量の値を代入して検定力を計算することがあります。これを観察検定力（observed power、第6章）といいます。観測検定力、標本検定力といわれることもあります。

観察検定力が求められる場面は、帰無仮説が棄却されなかったときが多いと思われます。たとえば「大きな検定力にもかかわらず『差がない』という帰無仮説が棄却されなかったのだから、本当に差がないと考えられる」、あるいは「大きな効果量があったにもかかわらず、帰無仮説が棄却されなかったが、これは検定力が不足していたためと考えられる」ということをいいたいとき、検定力の値があれば、と思うことでしょう。しかし、観察検定力を使うときには、注意が必要です。

たとえば、対応のない2群の平均値差を$t$検定で検討した状況を考えます。サンプルサイズは両群で等しいものとします。検定力は、効果量の大きさとサンプルサイズ（と有意水準）で決まってきます。観察検定力を計算するためには、効果量に標本効果量を代入するわけですが、標本効果量は検定統計量の値（$t$値）とサンプルサイズから計算できます。$t$値は、$p$値とサンプルサイズから逆算できます。これらをまとめると、対応のない$t$検定の観察検定力は、$p$値とサンプルサイズ（と有意水準）が決まれば、一意に定まることになります。

図1.3 は、有意水準が5%のときに、さまざまな$p$値とサンプルサイズで、対応のない$t$検定の観察検定力を計算した結果です（本章末のRの入力例参照）。これを見ると、$p$値が一定なら、サンプルサイズがよほど小さくない限り、観察検定力はどんなサンプルサイズでもほぼ同じになることがわかります。たとえば、$p$値が0.5だった場合、各群7人ずつだろうと700人ずつだろうと、観察検定力はほぼ0.1になります。もし各群700人ずつ（計1400人）で実験を行い、$p$値が0.5だったとしたら、両群の母平均に差はないといいたくなることでしょう。しかし、検定力が0.1ということは「第2種の誤りの確率が90%という条件下で、帰無仮説が棄却されなかった」といっていることになります。果たして、これで説得力があるでしょうか。

これは、検定力が、事前であれ事後であれ、サンプルサイズのほかに、代入さ

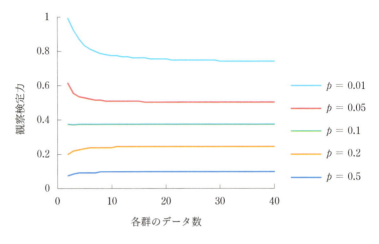

**図1.3** サンプルサイズと $p$ 値に対応する観察検定力

れる効果量の値にも左右されることが原因です。各群700人ずつの場合，$p$ 値が0.5になるのは，平均値差が標準偏差の0.036倍のときです。このように非常に小さな効果量では，確かに帰無仮説はなかなか棄却されません。

　検定力が効果量に左右されるということは，検定力とは「『どの程度の差を』どれくらいの確率で採択できるか」であることを意味します。したがって，検定力に言及したいのであれば，「どの程度の差」の部分も，あたかも有意水準のように，研究者が設定するのが妥当ではないでしょうか。たとえば「各群700人ずつというサンプルサイズならば，標準偏差の0.2倍の平均値差という小さな効果量であっても，0.962の検定力がある。それにもかかわらず帰無仮説が棄却されなかったのだから，母平均には差がないと考えられる」というほうが納得できると思います。あるいは，効果量そのものを解釈して「平均値差は標準偏差の0.036倍にすぎなかった」というほうが素直でしょう。

　観察検定力を計算するために代入する**標本効果量**は，必ずしも母集団効果量の不偏推定量になっていないという問題点もあります。たとえば，分散分析でしばしば用いられる $\hat{\eta}^2$ という標本効果量には，正のバイアスがあることが知られています（大久保・岡田，2012）。つまり，$\hat{\eta}^2$ という標本効果量を使うと，母集団効果量を過大視した観察検定力になってしまう可能性があります。いずれにせよ，観察検定力を論文などで報告するとしたら，その値の解釈に十分注意することが必要です。

以上，観察検定力について否定的な記述をしてきましたが，ほかの論考も，大部分は基本的には否定的立場です（Ellis, 2010; Hoenig & Heisey, 2001; 大久保・岡田，2012）。Ellis（2010）は，母集団効果量に基づく事後的な検定力分析には肯定的なものの，標本効果量に基づく観察検定力には否定的です。その他，観察検定力は「無意味」（Zumbo & Hubley, 1998），「不適当」（Levine & Ensom, 2001），「無益」（Thomas, 1997）など，否定的な言葉が多く見られます。

とはいえ，実際には以上と異なる立場もあることにも触れなければならないでしょう。豊田（2009）は，「観察検定力」ではなく「標本検定力」の語を用いていますが，事後分析として，標本効果量を用いて標本検定力を算出しています。標本効果量を母集団効果量の推定値として利用して標本検定力を求め，その知見を利用することの有効性について述べています。その一方で，標本効果量による，あくまでも標本検定力であることを忘れないようにすること，検定結果と標本検定力は基本的には同じことであることなど，注意喚起もされています。

ソフトウエアに関する書籍（以下引用するのはSPSS関連の書籍）でも，観察検定力について言及があります。小野寺・山本（2004）は，「観測検定力」の語を用いていますが，「検定力と観測検定力は異なる」とはっきりと述べたうえで，観察検定力を「その1回限りのデータについての記述的な統計量にしかすぎず，将来の推定値とみなしたり，検定力の高低を議論するためには使えない」と述べています。山際・服部（2016）も，「観測検定力」の語を用いていますが，検定結果がわかっているので観測検定力に特段の意味はないとしています。一方で，論文には観測検定力を記載しておけばよいと述べています（観察検定力に関して，やや肯定的な記述だと思われます）。Rossi（1990）は，ソフトウエアに関する論文ではありませんが，SPSSで算出される検定力は retrospective power にすぎないと（retrospective の部分を斜体にして）警告しています。これは観察検定力のことであり，観察検定力はまさに retrospective であり，検定力とは似て非なるものなのです。

以上のように異なる立場がありますが，観察検定力については概ね否定的ということでよいと考えます。こうした立場の相違は，先に述べた，サンプルサイズ関連の用語においてもありましたが，総じて見ると概ねこの立場が妥当であろうということはあります。

なお，効果量についての記載はずいぶん多くの論文で見られるようになってきました。実際に，APAのマニュアルでもWilkinson（1999）でも，日本心理学会の「執筆・投稿の手びき」でも，記載を推奨しています。一方，検定力のほうに

ついては，論文ではほとんど記載はありません。上記マニュアルで，検定力の記載を求める記述は，部分的にしかありません。これについては，上述の通り，観察検定力をめぐる悩ましい事情も関わっていることと思います。

## 1.5 結語

サンプルサイズ設計の問題はとても悩ましいと思います。その背景には，研究の結論を直接的に左右するものであるという問題の大きさ，計算上のことと現実の制約との両方を考える必要性，現実の制約があるとはいえサンプルサイズをいくつにするかという点については一定の統制可能性があることなどがあるでしょう。

実際の場面を考えてみましょう。何らかの検定を行った結果，$p$値が0.051だったとします。多くの研究者の心に「惜しい」の3文字が浮かぶことと思います。このとき，引き続き調査なり実験なりを続けるべきでしょうか。望む結果が出るまでデータをとり続けてよいのでしょうか。いわゆる「$N$増し」という行動です。先に引用した小野寺・山本（2004）は，「結果を見てから被験者を増やしたり…ということは反則なのはもちろんである」と述べていますし，否定的な考えの人は多いでしょう。有意水準も，両側検定か片側検定かも，事前に決めることですし，停止規則の設定も事前に行うことです。サンプルサイズ設計においても，事前に決めた数値から変更しないという立場は多いでしょう。Simmons et al.（2011）は，「データ収集をはじめる前に，データ収集を終える規則を決めなくてはならない。その規則を論文で報告しなければならない」という指針を呈示しています。

一方，フォールスポジティブの増大を防ぐために，観察されたデータに基づいて追加データをとることの有効性も打ち出されています（Murayama, Pekrun, & Fiedler, 2014）。結局，「$N$増し」（というと，響きが悪いわけですが）をするのであれば，その論拠次第ということになるでしょう。

また，「$N$増し」せずに有意でなかった結果が論文などで報告されずに埋もれてしまうのであれば，そこまでとったデータが無駄になってしまうではないか，であれば「$N$増し」をしてもよいのではないかという，よりシンプルといいますか感情的な考え方もあるでしょう。これはこれで納得できます。目の前にサンプルサイズを増やすチャンスが到来したなら（たとえば，ある講義で質問紙調査を実施する機会を与えられたなど），その波に乗るのは自然でしょう。実際にどうサンプルサイズ設計をしたのかは，（事前登録などを行わない限り）結局は研究者のみぞ知るところであり，隠蔽可能です。結局は，各研究者の心持ち次第，善意とい

うことになります。

　しかしながら、「N増し」も行き過ぎると、p 値をコントロールすること、つまり「p ハッキング」につながっていくということも忘れてはならないでしょう。結果を見ながら都合のよいサンプルサイズにしてしまうことは、QRPs（Questionable Research Practices）の1つです（平石・池田（2015）がわかりやすいです）。このあたりのことは、昨今の再現可能性の問題につながっていきますが、サンプルサイズの問題は、そのなかの一角を占める重要な問題でしょう。この点に特化した本書が、サンプルサイズ設計に目を向けるきっかけになることを祈りつつ、次の第2章にバトンタッチしたいと思います。

## Appendix

（a）：p.2 の R の入出力例

```
> library(pwr)
> pwr.t.test(n = 100,d = 0.2,power = NULL)

     Two-sample t test power calculation

              n = 100
              d = 0.2
      sig.level = 0.05
          power = 0.2906459
    alternative = two.sided

NOTE: n is number in *each* group

> pwr.t.test(n = 100,d = 0.5,power = NULL)

     Two-sample t test power calculation

              n = 100
```

```
                    d = 0.5
          sig.level = 0.05
              power = 0.9404272
        alternative = two.sided

NOTE: n is number in *each* group

> pwr.t.test(n = 100,d = 0.8,power = NULL)

     Two-sample t test power calculation

                  n = 100
                  d = 0.8
          sig.level = 0.05
              power = 0.9998784
        alternative = two.sided

NOTE: n is number in *each* group
```

(b)：p.7 の R の入出力例

```
> library(pwr)
> pwr.t.test(n = NULL,d = 0.5,power = 0.8)

     Two-sample t test power calculation

                  n = 63.76561
                  d = 0.5
          sig.level = 0.05
              power = 0.8
```

```
    alternative = two.sided

NOTE: n is number in *each* group
```

(c)：p.7 の R の入力例

```
# 計算のためのパラメータ
各群のサンプルサイズ <- seq(2,100,1)    # 2 から 100 まで 1 ずつ計算
効果量 <- 0.5

# 結果の格納場所
検定力 <- rep(0, length( 各群のサンプルサイズ ))

# それぞれのサンプルサイズについて検定力を計算
for(i in 1:length( 各群のサンプルサイズ )){
    # 各群のサンプルサイズを n とする。
    n <- 各群のサンプルサイズ [i]
    # 対立仮説が真なら，t 統計量は
    #  自由度が 2*n-2，非心度が効果量 /sqrt(2/n)
    # の非心 t 分布に従う。
自由度 <- 2*n-2
非心度 <- 効果量 /sqrt(2/n)
    # これが臨界値 qt(0.975, df = 2*n-2) を超える確率が検定力。
臨界値 <- qt(0.975, df = 自由度 )
検定力 [i] <- 1 - pt( 臨界値 , df = 自由度 , ncp = 非心度 )
}

# ファイルに書き出し
結果 <- data.frame( 各群のサンプルサイズ , 検定力 )
write.csv( 結果 , file = "power.csv",
```

```
  quote = FALSE, row.names = FALSE)
```

(d)：p.8 の R の入力例

```
# 計算のためのパラメータ
各群のサンプルサイズ <- seq(2,100,1)    # 2 から 100 まで 1 ずつ計算

# 標準偏差に占める信頼区間の半幅の割合を h とする。
h <- rep(0, length( 各群のサンプルサイズ ))

# それぞれのサンプルサイズについて信頼区間の半幅を計算
for(i in 1:length( 各群のサンプルサイズ )){
  # 各群のサンプルサイズを n とする。
  n <- 各群のサンプルサイズ [i]
  # 各群共通の標準偏差（不偏分散の平方根）を，とりあえず 1 とする。
  s <- 1
  # 自由度 2*n-2 の t 分布の上側 0.25% 点を求める。
自由度 <- 2*n-2
臨界値 <- qt(0.975, df = 自由度 )
  # 対応のない 2 群の平均値差の，95% 信頼区間の半幅は
  # 臨界値 * 標準偏差 * √ (2/n)
半幅 <- 臨界値 * s * sqrt(2/n)
  # 信頼区間の半幅が標準偏差の何倍かを求める。
  # 標準偏差は約分されるので，以下の h は標準偏差に依存しない。
  h[i] <- 半幅 / s
}

# ファイルに書き出し
結果 <- data.frame( 各群のサンプルサイズ ,h)
write.csv( 結果 , file = "confidence.csv",
```

```
  quote = FALSE, row.names = FALSE)
```

(e):p.10 の R の入出力例

```
> library(pwr)
> pwr.t.test(n = NULL,d = 0.2,power = 0.8)

     Two-sample t test power calculation

              n = 393.4057
              d = 0.2
      sig.level = 0.05
          power = 0.8
    alternative = two.sided

NOTE: n is number in *each* group
```

(f):p.11 の R の入力例

```
# 各群のサンプルサイズを 2 から 1000 で計算
n <- seq(2,1000,1)
# p 値は以下の 5 種類とする
p <- c(0.01, 0.05, 0.10, 0.20, 0.50)

# 結果の格納場所
X <- matrix( rep(0, length(p)*length(n)), nrow = length(n), ncol
= length(p) )
colnames(X) <- p
rownames(X) <- n
```

```r
# それぞれのp値，それぞれのサンプルサイズについて計算
for(j in 1:length(p)){
  for(i in 1:length(n)){
    # p値からt値を逆算（自由度は2*n-2）
    t <- qt( 1-p[j]/2, df = 2*n[i]-2 )
    # 対立仮説が真なら，t統計量は非心度がES/sqrt(2/n)の非心t分布に従う。
    # ESはt*sqrt(2/n)である。
    # 結局t統計量は，非心度が「観察されたt値」である非心t分布に従う。
    # これが臨界値qt(0.975, df = 2*n-2)を超える確率が検定力。
    OP <- 1 - pt( qt(0.975, df = 2*n[i]-2), df = 2*n[i]-2, ncp = t )
    # OP (Observed Power) の値を記録
    X[i,j] <- OP
  }
}

# ファイルに書き出し
write.csv(X, file = "result.csv")
```

# 第2章 検定力分析に基づくサンプルサイズ設計

■杉澤武俊

## 2.1 検定力分析

　**検定力**とは，統計的仮説検定において，帰無仮説が誤っている（対立仮説が正しい）ときに，その帰無仮説を棄却できる（検定統計量の実現値が棄却域に入るようなデータが標本として得られる，あるいは，第2種の誤りを犯さない）確率です．検定の実践にあたり，検定力を考慮することは重要です．十分に高い検定力が確保されていなければ，研究者が本来主張したいはずの研究仮説（一般的にこれは対立仮説となり，帰無仮説はそれを否定したもの）が正しいものであったとしても，データを集めて検定を行ってみると，その仮説が支持されない（通常，それは研究の失敗とみなされます）可能性が高くなります．逆に，検定力が高すぎると，実質的にはほとんど意味のない効果（たとえば，相関係数や条件間での平均値差など）が統計的に有意となり，結果を過大評価しやすくなってしまいます．後者については，効果が統計的に有意であることを確認したうえで実質的な効果の大きさをさらに検討すればよいのですが，前者の場合は，検定の本来の役割から考えれば，統計的に有意でないと判断された結果についてそれ以上考察することにあまり意味はないため，本当は正しく，しかもその領域において価値のある，重要かもしれないアイデアが捨てられかねません．

　それでは，十分に高い検定力を確保するためにはどのようにすればよいのでしょうか．検定力は一般に，

① 有意水準
② 母集団における効果の大きさ（**母集団効果量**）
③ サンプルサイズ

の3つの要因によって値が決まります．具体的には，検定力はこれらの単調増加関数となっており，上記3つの要因のいずれかの値が大きくなれば，検定力は高くなります．これらのうち，有意水準は研究者が自由に値を設定することもできますが，その値は第1種の誤りを犯す確率となりますから，むやみに高い値を設

定することはできず，5％か1％にすることが慣例となっています。母集団における効果の大きさ（相関係数や平均値差の大きさなど）は，条件の統制をしっかりと行うなど，研究者の努力によってある程度高めることはできますが，それにも限界があり，自由に値を決めることができる性質のものではありません。それに対してサンプルサイズは，大きくすることによる悪影響は特になく，データ収集のコストなどによる制約はありますが，基本的には研究者の努力によって自由に値を決められるものです。そこで，研究デザイン設定の段階で，十分に高い検定力を確保できるサンプルサイズを理論的に求めてからデータを集めればよいことになります。この計算手続きを**検定力分析**といいます。

## 2.2 検定のロジックと検定力を考慮することの重要性

　検定力分析に限らず，理想的（理論的に必要）なサンプルサイズを事前に決めてからデータを集めるということについて，「現実問題としてそんなに多くのデータを集めることができない（ので，事前に決めても意味がない）」という意見を耳にすることがあります。さらに，検定の文脈では，「検定力が低い（有意な結果が得られる確率が低い）なかで，統計的に有意であることを示せたのだから，結果的には問題ない（むしろ，不利な状況下で意図した結果を出せたのだから重要な価値がある）」と主張する人もいるかもしれません。

　こうした意見に対する1つの考え方を以下に示します。まず，次の問いについて考えてみてください。

**問**：中身の見えない袋のなかに，赤玉と白玉があわせて100個入っています。この袋のなかからランダムに玉を1つ取り出したところ赤玉でした。仮に，袋の中身が，
　　① 赤玉5個，白玉95個
　　② 赤玉80個，白玉20個
のどちらかであるとしたら，あなたはどちらだと考えますか。

　この問いには正解はありませんが，多くの人は②だと考えるのではないでしょうか。なぜなら，もし，袋の中身が①だとすると，普通は圧倒的に多く入っている白玉が出てくるはずで，たまたま運よく赤玉を引き当てることは難しく，その一方で，②であれば赤玉はたくさんあるので，そのなかから玉を1つ取り出せば普

通は赤玉を引き当てると考えるのが直感的に自然だからです。この発想は，まさに検定のロジックを反映していて，①が帰無仮説，②が対立仮説に相当し，データ（ここでは取り出した玉の色）から帰無仮説を棄却したことになります。このとき，検定力は②の袋の中にある赤玉の比率に対応し，この例では 0.80 です。それでは，同じ状況で，袋の中身が

　① 赤玉 5 個，白玉 95 個
　②′ 赤玉 6 個，白玉 94 個

のどちらかであるとしたらどうでしょうか。しいていえば②′ と思うかもしれませんが，先ほどの例と比べて，自信をもって「①ではない」とはいい切れなくなった人が多いのではないでしょうか。これが，検定力は低い（この例では 0.06）けれども有意な結果が得られたという状態です。

通常行われる検定のプロセスでは，基本的には帰無仮説のみに注目し，「帰無仮説のもとでは得られにくい結果」が得られたときに帰無仮説を棄却すると考えられています。しかし，実際には，「帰無仮説のもとでは得られにくく，かつ，対立仮説のもとでは得られやすい結果」が得られたときに帰無仮説を棄却するという，多くの人が直感的に行う判断と同じロジックをとっていて，その判断において検定力が非常に重要な役割を果たしていることがわかります。

## 2.3 検定力分析の方法

2.1 節で説明したように，検定力は，有意水準，母集団における効果量，サンプルサイズの関数になっていることを利用し，**検定力分析**では，どのような検定を行うかを決めたうえで，設定する予定の有意水準，母集団において期待される効果量，目標とする検定力の値から，そのために必要なサンプルサイズを求めます。以下では，その際に考えるべきポイントについて説明します。

### 2.3.1 どのような検定を行うか

検定力分析を行う際には，まず，データにどのような検定を適用するのかを具体的に決めておく必要があります。群間で平均値を比較する場合には，いくつの群を設定するかという研究デザインも必要です。また，同一のデータに対して複数の検定を適用する場合には，それぞれの検定について必要なサンプルサイズを求め，最も大きなサンプルを要するものに合わせます。

### 2.3.2 有意水準をいくらにするか

有意水準については,検定の慣習に従って,5%あるいは1%のどちらかから選ぶことになります。有意水準が大きいほど検定力も大きくなりますから,同じ検定力を確保するために必要となるサンプルサイズは5%水準のときよりも1%水準のときのほうが,大きくなります。また,同じ有意水準であっても,$t$検定などの両側検定と片側検定の区別がある検定の場合,両側か片側かによっても結果に違いが生じます。一般に,効果の方向性(2群の平均値差や相関係数の符号が,正になるか負になるか)を正しく設定できれば片側検定のほうが検定力は高くなるので,同じ検定力を確保するために必要となるサンプルサイズは片側検定のほうが小さくてすみます。ただし,統計解析を実行するソフトウエアで出力される$p$値はデフォルトで両側検定のものが多く,実際の研究でも両側検定を用いていることが多いと考えられます。

### 2.3.3 目標とする検定力をいくらに設定するか

ここまでは,漠然と「十分に高い検定力」と記述していましたが,どのくらいなら「十分に高い」のかを具体的な値として設定する必要があります。それを考える1つの指針として,第1種の誤りと第2種の誤りがそれぞれどの程度深刻な問題を引き起こすかというものがあります。第1種の誤りを犯す確率は有意水準によって直接設定できますので,それに対して第2種の誤りをどの程度犯したくないかを考え,1から第2種の誤りを犯す確率を引いたものを検定力として設定します。たとえば,有意水準を5%としたときに,第2種の誤りを第1種の誤りと同程度に犯しにくくしたければ,目標とする検定力は1−0.05で0.95(すなわち95%)となります。Cohen(1988)は検定力の便宜的な基準として0.80(80%)を提案していて,これが検定力を設定する明確な根拠がない場合の1つの慣習的な値となっています。

### 2.3.4 母集団において期待される効果量

効果量とは,群間の平均値差の検定であれば平均値差の大きさ,相関係数の検定であれば相関係数の大きさを反映したものです。一般的にいえば,「効果がない」という帰無仮説の状態に対して,対立仮説の状態がどれくらい異なっている

かを量的に示すものということができます。すべての検定手法は各々固有の効果量の指標をもつことになりますが，Cohen（1992）は，
① 測定尺度に依存しない
② 連続量である
③ 0 以上の値をとる
④ 帰無仮説のもとでは 0 となる

という性質をもつものとして，8 種類の検定について効果量の指標を定義しています。それらのうち心理学の研究で比較的よく用いられる，独立な 2 群の平均値差に関する $t$ 検定（以下，「$t$ 検定」という），相関係数の検定（以下，「無相関検定」という），適合度やクロス集計表に関するカイ 2 乗検定（以下，「カイ 2 乗検定」という），分散分析，重回帰分析の 5 種類の検定における，効果量の指標と，具体的な効果の大きさについて，小，中，大の 3 種類の目安となる値を 表2.1 にまとめてあります。この，小，中，大という Cohen の基準 は，恣意的に決められた値ですが，さまざまな文献でとりあげられるものとなっています。実際に検定力分析を行う際には，扱われる変数の性質や検証したい仮説に応じて，効果量の値を適切に設定することが望ましいのですが，よくわからない場合には，表2.1 にある小，中，大から 1 つを選んでその値をそのまま使うこともできます。なお，表2.1 における効果量の指標の表記は Cohen（1992）に従っているため，母数を

表2.1　Cohen（1992）による効果量の定義

| 検定の種類 | 効果量の指標 | 効果量の値 | | |
|---|---|---|---|---|
| | | 小 | 中 | 大 |
| $t$ 検定 | $d = \dfrac{m_A - m_B}{\sigma}$ | 0.20 | 0.50 | 0.80 |
| 無相関検定 | $r$ | 0.10 | 0.30 | 0.50 |
| カイ 2 乗検定 | $w = \sqrt{\sum_{i=1}^{k} \dfrac{(P_{1i} - P_{0i})^2}{P_{0i}}}$ | 0.10 | 0.30 | 0.50 |
| 分散分析 | $f = \dfrac{\sigma_m}{\sigma}$ | 0.10 | 0.25 | 0.40 |
| 重回帰分析 | $f^2 = \dfrac{R^2}{1 - R^2}$ | 0.02 | 0.15 | 0.35 |

ギリシア文字で，標本における値をローマ字（通常のアルファベット）で表記する統計学の慣習とは整合していません。検定力分析の文脈では，効果量はすべて母集団におけるものを考えるので，慣習に従えば，表中の式はすべてギリシア文字を用いて表されるべきものとなることに注意する必要があります。この後の 2.4 節における効果量の説明についても同様です。

　検定力分析を行う際には，適用する検定の種類に応じて，母集団において期待される効果量の値を設定する必要があります。この「期待される」が意味するものとして，
　① 母集団に実際にあると予想される
　② 母集団にこれくらいあってほしいと望まれる
という 2 つが考えられます。先行研究による知見などから，大体これくらいの効果があると予想できる場合には，その値を採用すればよいことになります。しかし，実際に研究を行う状況では，先行研究による知見がないから新たに研究を行うという場合も多く，必ずしも経験的に母集団効果量を予想できるとは限りません。その場合は，たとえば，「母集団において，仮に 2 変数間の相関係数が 0.40 程度あったときには，是非とも十分に高い検定力（たとえば 0.80）を確保して有意な結果を得たいが，それよりも小さい効果しかない場合は，（実質的な効果としては注目に値するほどでもないので）有意な結果が得られなくてもよい」と考える，すなわち，②の立場をとればよいことになります。

　実際に研究で用いたサンプルサイズをもとに，どれくらいの検定力が確保されていたのかということを事後的に評価する場合（第 1 章参照）は，上記①の考え方に基づく必要がありますが，これから実施する研究で，妥当なサンプルサイズを求めるという場合には，②のような考え方をしたほうが合理的であると考えられます。

　また，先行研究の知見に基づいて予想される効果量を設定する際に，先行研究が 1 つ，もしくはごく少数しかなく，しかも，先行研究におけるサンプルサイズが小さかったり，複数の先行研究間で結果として得られた効果量のばらつきが大きかったりする場合には注意が必要です。なぜなら，先行研究において標本のデータから計算された効果の大きさは，あくまでも母集団における効果の推定値にすぎず，サンプルサイズが小さかったり，研究間で効果の大きさに一貫性がなかったりする（変動が大きい）場合は，大きな標本誤差が生じている可能性が高いからです。しかも，論文として公表される研究は，通常，検定によって有意な効果が見られたものであることが一般的（逆に，有意な効果が見られなかったものが

論文として公表されることは少ない）ですから，母集団の効果を過大評価する方向に偏っていることが多いと考えられます。母集団の効果を過大評価すると，それに基づいて決めたサンプルサイズは本来必要とされる値よりも小さくなってしまいます。たとえば，母集団において本当は相関係数が 0.40 であるのに，先行研究の標本データから 0.50 と過大評価した場合，5％水準の両側検定で 0.80 の検定力を確保するために必要なサンプルサイズは，本当は $N = 44$ であるはずが，$N = 26$ でよいということになってしまいます。母集団の相関係数が 0.40 のとき，$N = 26$ の標本による実際の検定力は 0.57 しかなく，目標としていた 0.80 に大きく届かないことになってしまいます。

### 2.3.5　検定力分析の実行

　検定力分析を行うのに必要な以上の情報をすべて決めたら，実際に必要となるサンプルサイズを求めます。計算には，検定力分析に特化したソフトウエアである G*Power（Faul, Erdfelder, Lang, & Buchner, 2007）や，汎用の統計パッケージである R に用意された関数などを利用することができます。本章では，2.5 節で R の pwr パッケージ（Champely, 2015）に含まれる関数を使った計算例を紹介します。

## 2.4　効果量についての詳細

　2.3 節でも述べたように，検定力分析を行う際には，母集団における効果量の値を設定する必要があります。しかし，これまで効果量について意識したことのない人にとっては，どのくらいの値が適切であるかを判断することは非常に難しいことです。そのために Cohen（1992）で標準的な値が提案されています。ここでは，個別の研究の文脈に応じて根拠をもって効果量の値を設定したい人や，検定力分析の理論についてもう少し深く知りたい人のために，効果量の指標について解説します。内容が難しいと感じる場合は，この 2.4 節は飛ばしても，その後の内容の理解には影響ありません。

　個別の検定について説明する前に，効果量の指標の一般的な性質について説明しておきます。すでに 2.3.4 項で Cohen（1992）の挙げた 4 つの性質を紹介しました。これに加えて，効果量の指標は，対立仮説のもとで検定統計量の標本分布を直接規定するものであることが望ましいといえます。検定力とは「対立仮説の

もとで，検定統計量が棄却域に入る確率」です。このうち棄却域は帰無仮説と研究デザイン，およびサンプルサイズによって定まる帰無分布と，有意水準によって決まります。あとは，対立仮説のもとで，検定統計量がどのような確率分布に従うか（ここでは，この確率分布を「対立分布」と呼ぶことにします）がわかれば検定力が定まることになります。本章でとりあげる $t$ 分布，カイ 2 乗分布，$F$ 分布を利用する検定において，対立分布はそれぞれ，非心 $t$ 分布，非心カイ 2 乗分布，非心 $F$ 分布と呼ばれる確率分布になることがわかっています。これらの分布はいずれも帰無分布と同じ自由度のほかに，非心度と呼ばれる母数によって形が決まりますが，その非心度からサンプルサイズに関わる要素を除いた成分が効果量の指標の候補となります。非心度と効果量の具体的な関係については，南風原（2014）などを参照してください。

### 2.4.1 $t$ 検定

2 群の平均値差に関する $t$ 検定の効果量は，

$$d = \frac{m_A - m_B}{\sigma}$$

と表されます。ここで，$m_A$ と $m_B$ は，それぞれの群の平均，$\sigma$ は各群における群内の標準偏差です（$t$ 検定における等分散性の前提条件により，母集団において群内の標準偏差は両群とも等しいことが理論上仮定されています）。母集団における効果量は，これらの平均や標準偏差を母集団における値としたものになります。

この効果量の指標は，「標準化された平均値差」と呼ばれることもあります（Cohen の $d$ と呼ばれることもありますが，この語の使用にはやや複雑な事情があります。詳しくは南風原（2014）の第 3 章注 16 をご覧ください）。この指標の意味について少し考えてみます。図2.1 はある変数について，比較したい 2 群の分布の様子を表したものです。図中の A と B を見比べてみると，2 群の平均値差はどちらも 10 ですが，明らかに B のほうが 2 群の違いがはっきりとしています。A と B の違いは，それぞれの群における分布の広がりの大きさです。つまり，平均値の差が同じ値であったとしても，各群の分布の広がりが小さいほど（すなわち標準偏差が小さくなるほど），2 群の違いがよりはっきりします。また，B と C を見比べると，2 群の違いについてはどちらも同じに見えますが，平均値差は C のほうが B の 100 倍になっています。これは，たとえば B ではメートルで表され

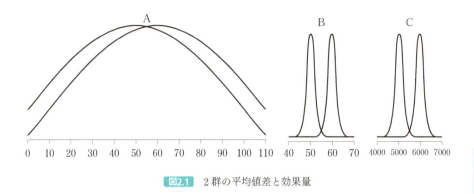

**図2.1** 2群の平均値差と効果量

たものをCではセンチメートルに変換するなど，データの測定単位を変えるだけでも起こることで，本質的に同じデータでも平均値差の見かけ上の値としては大きく異なる場合もあります。これらはいずれも2群の違いを表すために，単純な平均値差の値を指標とするのは適切とはいえないものであり，これを各群内の標準偏差で割って標準化することで，Aは0.2，BとCはどちらも5.0となり，分布の見た目から受ける印象をよく反映した指標となることがわかります。

### 2.4.2 無相関検定

無相関検定の効果量の指標は相関係数，

$$r$$

によって定義されます。負の相関がある場合は，その絶対値で考えます。母集団における効果量は，母集団における相関係数（の絶対値）です。

### 2.4.3 カイ2乗検定

適合度検定やクロス集計表における独立性の検定として用いられるカイ2乗検定は，標本における各カテゴリやセルの度数が，ある理論的に与えられる母集団から得られたものであるかどうかを検定するものです。

カイ2乗検定の効果量の指標は，

$$w = \sqrt{\sum_{i=1}^{k} \frac{(P_{1i} - P_{0i})^2}{P_{0i}}}$$

となります．標本においては，$P_{1i}$ は $i$ 番目のカテゴリ（またはセル）の観測度数の比率，$P_{0i}$ は帰無仮説のもとでの $i$ 番目のカテゴリ（セル）の期待度数の比率を表します．つまり，$P_{1i}$ と $P_{0i}$ はそれぞれ，すべてのカテゴリ（セル）について合計すると1となります．平方根の中身は，検定統計量として用いられる $x^2$ の値をサンプルサイズ $n$ で割ったもので，2×2クロス集計表における独立性の検定の場合，この $w$ は**φ係数**と一致します．母集団においては，$P_{1i}$ は対立仮説のもとでの比率，$P_{0i}$ は帰無仮説のもとでの比率です．

### 2.4.4 分散分析

単純化のために，まず1要因分散分析について考えます．**1要因分散分析の効果量**の指標は，

$$f = \frac{\sigma_m}{\sigma}$$

と定義されます．分子は群（水準）ごとに求めた平均値の標準偏差，分母は各群（水準）内の標準偏差です．ただし，母集団において，分子の $\sigma_m$ は，

$$\sigma_m = \sqrt{\frac{\sum_{i=1}^{k} n_i (m_i - m)^2}{N}}$$

で，$n_i$ と $m_i$ は，それぞれ第 $i$ 群のサンプルサイズと母平均を表し，$m$ は母平均の平均，$N$ は全体のサンプルサイズを表します．$t$ 検定と同様に，群内の標準偏差はすべての群で等しいことが仮定されています．ここで注意しなければならないのは，上記の $\sigma_m$ の式のなかに，各水準におけるサンプルサイズ $n_i$ が含まれていることです．つまり，群間でサンプルサイズが異なるアンバランスデザインの影響が母集団効果量の大きさに反映してしまうのです．いいかえれば，母集団の状態が同じであっても，各群のサンプルサイズによって，母集団における効果の大きさが異なってしまうということです．

2要因以上の分散分析においても，主効果の検定に関しては，本質的には上記

と同様に考えることができます。しかし，交互作用効果については上記の考え方で効果量をとらえるのは難しいです。そこで，この効果量の指標を相関比を用いて一般化します。まず，1要因分散分析モデルにおいて，従属変数の母分散 $\sigma_t^2$ は群ごとの平均の分散 $\sigma_m^2$ と群内の分散 $\sigma^2$ の和に分割可能で，

$$\sigma_t^2 = \sigma_m^2 + \sigma^2$$

となります。このとき，要因（群）の効果による分散説明率の平方根によって定義される，

$$\eta = \sqrt{\frac{\sigma_m^2}{\sigma_t^2}} = \sqrt{\frac{\sigma_m^2}{\sigma_m^2 + \sigma^2}}$$

を相関比といいますが，この $\eta$ と $f$ との間には，

$$f = \sqrt{\frac{\eta^2}{1-\eta^2}}$$

という関係が成り立ちます。この相関比 $\eta$ は 1 要因分散分析における群の効果だけでなく，分散分析モデルにおける任意の効果について分散説明率に基づいて統一的に定義することができます。

### 2.4.5　分散説明率

　ここで分散説明率という言葉が出てきたので解説しておきます。一元配置分散分析の文脈で考えてみます。図2.2 はある変数について，平均の異なる 3 群，A，B，C のそれぞれの分布と，3 群あわせた全体の分布を示したものです。全体の分布では分散は 100（標準偏差 10）です。もし，ランダムに選ばれた人がどの群に属するかわからないときに，この変数の値がいくらか当てようとすると，この全体が候補となります。しかし，もし，この人が群 C に属していることがわかれば，候補となる値の範囲が狭まり，それを分散で表すと 36 となります。すなわち，所属する群（独立変数の値）がわかったときの従属変数の値の候補は分散にして 64％減少したことになります。見方を変えれば，群を 1 つに固定すれば，あるいは，どの群もまったく分布が同じであれば分散にして 36 程度しかばらつかなかったはずのデータが，「群の違い」という要因の効果によって，全体の分散が 100 まで増大してしまったともいえます。この増加分の 64（全体の分散の 64％を

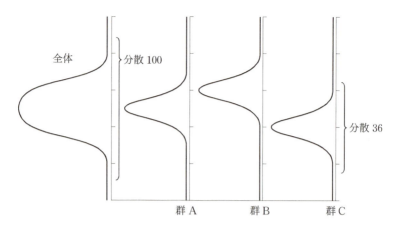

**図2.2** 独立変数の情報が加わることによる従属変数の分散の変化

占めています）は，独立変数である群の違いによって生じたものであると説明できたことになります。さらに，残りの36％は独立変数の値を特定しただけでは絞り込めない，あるいは説明できないばらつきであると考えることができます。

交互作用の分散説明率についても，交互作用の効果が加わることでデータ全体の分散が増加しますが，その増加分が全体に占める割合が，交互作用によって説明できる分散ということになるわけです。

回帰分析のように，独立変数が質的な群ではなく量的変数の場合であっても同様に考えることができ，独立変数の値が特定されないときの従属変数全体の分散に対して，独立変数の値がある1点に特定されたときに分散が減少した分が，独立変数によって説明できた分と考えます。回帰分析の場合は，相関係数 $r$ または重相関係数 $R$ を2乗した決定係数が分散説明率となります。

## 2.4.6 重回帰分析

重回帰分析における検定は，$k$ 個の独立変数を用いて従属変数 $y$ を予測するときの決定係数（分散説明率）$R^2_{y.12...k}$ と，そこに説明変数を追加して $p$ 個（ただし $p > k$）の独立変数を用いたときの決定係数 $R^2_{y.12...p}$ との差に関する検定と考えることができます。重回帰分析における検定の効果量の指標は，

$$f^2 = \frac{R^2}{1-R^2}$$

と定義されますが，偏回帰係数の検定において，右辺の $R^2$ は「独立変数を追加したことによる分散説明率の増分」と「変数追加前の残差分散の占める割合」の比，

$$R^2 = \frac{R^2_{y.12...p} - R^2_{y.12...k}}{1 - R^2_{y.12...k}}$$

によって定義されます。つまり，$k$ 個の独立変数を用いても説明できなかった従属変数の分散のうち，新たに追加した独立変数によって説明できるようになった割合を表します。

## 2.5 Rによる検定力分析の実行例

　R で検定力分析を行ってサンプルサイズ設計を行う場合には，pwr パッケージを用いることをお勧めします。pwr パッケージには，Cohen（1988）の枠組みによる検定力分析を実行するための関数がまとめられています。pwr パッケージに含まれる検定力分析のための関数は，有意水準（sig.level），母集団効果量（Cohen（1988）の表記にあわせて，$d, r, w, f, f^2$ など），サンプルサイズ（$n$），検定力（power）の4つのうち，3つの値を指定し，残り1つを NULL とすると，NULL とした要素の値を求めてくれます。検定の種類に応じて全部で10種の関数が用意されていますが，2.4 節でとりあげている検定に対しては，以下の関数を用います。

- `pwr.t.test()`：$t$ 検定
- `pwr.r.test()`：無相関検定
- `pwr.chisq.test()`：カイ2乗検定
- `pwr.anova.test()`：一元配置分散分析
- `pwr.f2.test()`：分散分析・回帰分析（一般線形モデル）

　以下で，これらの関数を使った簡単な使用例を示します。ただし，これらの関数を使う前に，

```
> library(pwr)
```

を実行して，pwr パッケージを読み込む必要があります。一度読み込んだパッケー

ジは，R を終了するまで有効ですので，最初の 1 回だけ実行してください。このとき，

```
library(pwr) でエラー：  'pwr' という名前のパッケージはありません
```

というエラーメッセージが出る場合は，pwr パッケージがインストールされていないので（Windows 版の場合はいったん R を終了させて，R のアイコンを右クリックして「管理者として実行」で起動した後），コンソールから

```
> install.packages("pwr")
```

を実行して，必要なパッケージをインストールしてください（ダウンロードサイトを選択するよう要求されたら，Tokyo を選びます）。なお，上記については付章も参照してください。

### 2.5.1 $t$ 検定

`pwr.t.test()` は，1 群の平均値に関する $t$ 検定，独立な 2 群の平均値差に関する $t$ 検定，対応のある 2 群の平均値差に関する $t$ 検定に対応しています。

独立な 2 群の平均値差の検定の場合，たとえば，有意水準が 0.05，母集団における効果量が $d = 0.5$（Cohen（1988）の基準で「中」効果量）であるときに検定力が 0.8 となるようなサンプルサイズを求めるには，

```
> pwr.t.test(sig.level = 0.05, d = 0.5, power = 0.8, n = NULL)
```

を実行します。pwr パッケージのすべての関数において，デフォルトで `sig.level = 0.05`, `n = NULL` となっているので，これらを省略して，

```
> pwr.t.test(d = 0.5, power = 0.8)
```

とすることもできます。これを実行すると，以下のような出力が得られます。

```
     Two-sample t test power calculation

              n = 63.76561
              d = 0.5
```

```
      sig.level = 0.05
          power = 0.8
    alternative = two.sided

NOTE: n is number in *each* group
```

必要な $n$ は整数値に切り上げて（四捨五入ではなく必ず切り上げ），64 ということですが，NOTE にもあるように，これは 1 群あたりの値ですので，2 群あわせて 128 以上必要ということになります。ただし，$t$ 検定は 2 群あわせたサンプルサイズが一定なら，2 群のサンプルサイズが等しい（バランスデザインである）ときに検定力が最大となるので，2 群あわせて $N = 128$ であっても，群間でサンプルサイズが異なると検定力が 0.8 を下回ることがあるので注意が必要です。ちなみに，この例の場合，一方の群のサンプルサイズが 60 以下になると，検定力は 0.8 を下回ります。具体的に確認するには，サンプルサイズの異なる 2 群の $t$ 検定における検定力を計算する **pwr.t2n.test()** を利用して，

```
> pwr.t2n.test(n1 = 60, n2 = 68, d = 0.5)
```

を実行します。

対応のある $t$ 検定の場合は，**type = "paired"** オプションを入れて，

```
> pwr.t.test(d = 0.5, power = 0.8, type = "paired")
```

とします。出力は以下のようになります。

```
     Paired t test power calculation

              n = 33.36713
              d = 0.5
      sig.level = 0.05
          power = 0.8
    alternative = two.sided
```

```
NOTE: n is number of *pairs*
```

必要なサンプルサイズは $N = 34$（これは対応のあるペアの数となります）であることがわかります。なお，`pwr.t.test()` はデフォルトで両側検定が仮定されています。片側検定を行う場合は，`alternative = "greater"` オプションを追加し，

```
> pwr.t.test(d = 0.5, power = 0.8, alternative = "greater")
```

のようにします。出力は以下の通りで，1群あたりの必要なサンプルサイズは 51 であることがわかります。

```
     Two-sample t test power calculation

              n = 50.1508
              d = 0.5
      sig.level = 0.05
          power = 0.8
    alternative = greater

NOTE: n is number in *each* group
```

### 2.5.2 無相関検定

無相関検定において，たとえば有意水準 0.05，母集団における効果量（母相関係数）が 0.1（Cohen（1988）の基準で「小」効果量）であるときに，検定力が 0.8 となるようなサンプルサイズは，

```
> pwr.r.test(r = 0.1, power = 0.8)
```

とすることで求めることができます。これを実行すると以下のような出力が得られ，必要なサンプルサイズは 782 であることがわかります。

```
    approximate correlation power calculation (arctangh
transformation)

              n = 781.7516
              r = 0.1
      sig.level = 0.05
          power = 0.8
    alternative = two.sided
```

### 2.5.3　カイ2乗検定

　カイ2乗検定は，t検定や無相関検定と異なり，帰無分布の自由度はサンプルサイズとは無関係にクロス集計表のサイズなどによって決まるので，検定力分析の際には自由度の情報も与える必要があります．たとえば，3 × 2クロス集計表（自由度は2になります）における連関の検定で，有意水準 0.05，母集団における効果量が 0.5（Cohen（1988）の基準で「大」効果量）であるときに，検定力が 0.8 となるようなサンプルサイズは，

```
> pwr.chisq.test(df = 2, w = 0.5, power = 0.8)
```

とすることで求めることができます．これを実行すると，以下のような出力が得られ，必要なサンプルサイズは 39 であることがわかります．

```
    Chi squared power calculation

              w = 0.5
              N = 38.53875
             df = 2
      sig.level = 0.05
          power = 0.8
```

```
NOTE: N is the number of observations
```

### 2.5.4　1要因分散分析

1要因分散分析も，全体のサンプルサイズのほかに，比較する群（水準）の数によって帰無分布が変わるため，群の数を情報として与える必要があります。たとえば，3群間で比較を行う場合，有意水準 0.01，母集団における効果量が 0.25（Cohen（1988）の基準で「中」効果量）であるときに，検定力が 0.8 となるようなサンプルサイズは，

```
> pwr.anova.test(k = 3, sig.level = 0.01, f = 0.25, power = 0.8)
```

とすることで求めることができます。$k$ が比較する群の数です。これを実行した出力は以下の通りです。

```
     Balanced one-way analysis of variance power calculation

              k = 3
              n = 75.5761
              f = 0.25
      sig.level = 0.01
          power = 0.8

NOTE: n is number in each group
```

この $n$ も 1 群あたりの値ですので，全体のサンプルサイズは $76 \times 3 = 228$ となります。

### 2.5.5　2要因分散分析

分散分析で要因が 2 つ以上になると，やや複雑になります。pwr パッケージで

は，$F$ 分布を使った一般的な線形モデルのための関数が用意されているので，それを使います。たとえば，要因 A が 2 水準，要因 B が 3 水準の 2 要因分散分析における要因 A の主効果について，有意水準 0.05，母集団における効果量 0.25 (Cohen（1988）の基準で「中」効果量）であるときに，検定力が 0.8 となるようなサンプルサイズを求めるには，

```
> pwr.f2.test(u = 1, f2 = 0.25^2, power = 0.8)
```

とします。$u$ は分散分析における分子の自由度で，要因 A は 2 水準なので，$u = 2 - 1 = 1$ となります。また，**pwr.f2.test()** で指定する効果量は $f^2$ なので，分散分析で通常用いられる効果量を用いた $f = 0.25$ を 2 乗する必要があります。出力は以下のようになります。

```
     Multiple regression power calculation

              u = 1
              v = 125.5312
             f2 = 0.0625
      sig.level = 0.05
          power = 0.8
```

**pwr.f2.test()** では汎用性をもたせるために，必要なサンプルサイズそのものではなく，サンプルサイズが反映する分母の自由度を $v$ という値で表します。今，要因 A と B の水準を組み合わせてできる 6 つのセルのサンプルサイズがすべて等しく $n$ であるバランスデザインを考えると，分母の自由度は，

（要因 A の水準数）× （要因 B の水準数）× $(n - 1)$

となりますが，この値が（整数値に切り上げて）126 となるということですから，$2 \times 3 \times (n - 1) = 126$ で，これを解くと，各セルに必要なサンプルサイズは $n = 22$ となり，全体では $22 \times 6 = 132$ となります。あるいは要因 A，B の各主効果と A × B の交互作用，そして，分母（残差）の自由度の合計が，全体の自由度（すなわち全体のサンプルサイズ $N$ から 1 を引いたもの）と一致することから，$(2 - 1) + (3 - 1) + (2 - 1) \times (3 - 1) + 126 = 131 = N - 1$ より，全体のサンプルサイズとして 132 必要であるというように求めることもできます。

同様に，要因 B の主効果および A × B の交互作用はどちらも自由度は 2 ですから，有意水準 0.05，母集団効果量 0.25，検定力 0.8 となるような分母の自由度を求めると，

```
> pwr.f2.test(u = 2, f2 = 0.25^2, power = 0.8)
```

から，

```
     Multiple regression power calculation

              u = 2
              v = 154.1898
             f2 = 0.0625
      sig.level = 0.05
          power = 0.8
```

という結果が得られて，要因 A の主効果と同様に計算すると，$6 \times (n - 1) = 155$ で，バランスデザインでは各セルのサンプルサイズが 27，すなわち，全体のサンプルサイズは 162 必要であることがわかります。つまり，これら 3 つの効果に対していずれも 0.8 以上の検定力を確保するために必要なサンプルサイズは 162 以上ということになります。

### 2.5.6 重回帰分析

重回帰分析も分散分析と同様に **pwr.f2.test()** で計算できます。たとえば，独立変数が 3 つある重回帰分析における各独立変数の偏回帰係数に関する検定について，有意水準 0.05，母集団における効果量が $f^2 = 0.15$（Cohen（1988）の基準で「中」効果量）であるときに，検定力が 0.8 となるようなサンプルサイズは，分子の自由度はいずれも 1 であるので，

```
> pwr.f2.test(u = 1, f2 = 0.15, power = 0.8)
```

とすることで求めることができます。出力は以下の通りです。

```
Multiple regression power calculation

          u = 1
          v = 52.31499
         f2 = 0.15
  sig.level = 0.05
      power = 0.8
```

重回帰分析では，一般に独立変数の個数を $p$ と表すと $v = N - p - 1$ となるので，この例では $53 = N - 3 - 1$ より必要なサンプルサイズは 57 ということになります。

## 2.6 結語

　本章では，検定力分析によるサンプルサイズ設計の理論と具体的方法について説明しました。Cohen（1988）により，一般的に用いられる検定手法については，有意水準，母集団効果量，目標とする検定力の値を設定することで，理論的に必要なサンプルサイズを求める方法が整備されたといえます。よりよい検定の実践のためには，検定力分析を行い，事前に根拠をもってサンプルサイズを決めることが必須といえるでしょう。

# 第3章 信頼区間に基づくサンプルサイズ設計

■石井秀宗

## 3.1 信頼区間とサンプルサイズ

　ある地域における全国学力テストの平均偏差値を推定するために，その地域からランダムに何人かの生徒を抽出して偏差値を集計したところ，平均値は 55 だったとします。一般に偏差値の平均は 50 ですので，この結果から，この地域の生徒の平均偏差値は全国平均より高いと推測できそうです。

　しかし，もしこの 55 という値が，4 人の生徒の平均値だったらどうでしょうか。もっと成績の高い子や低い子もいるだろうから，たった 4 人の平均値では，それが本当にこの地域の平均値といえるかどうか，よくわからないと思うでしょう。

　では，55 という値が，400 人の生徒の平均値だとしたらどうでしょうか。今度は，多少のズレはあるかもしれないけれど，400 人ものデータをランダムに集めているのだから，この地域の平均偏差値は 55 くらいだろうと，わりと素直に考えられるでしょう。このように，値は同じでも，サンプルサイズの違いによって，その信頼感は異なってきます。

　統計分析においては，この信頼感の違いは，信頼区間の幅の大きさに反映されます。**信頼区間**とは，「与えられた確率（**信頼係数**）で母集団値を含む」という条件を満たすようにデータから推定される区間のことです。

　**1 群の母平均値の信頼区間**は，次のように構成されます。なお，信頼区間の構成法については，石井（2014）などを参照してください。

$$[\bar{X} - t_1 s\sqrt{1/N},\ \bar{X} + t_1 s\sqrt{1/N}] \qquad (3.1)$$

ここで $\bar{X}$ はデータ分布の平均（標本平均），$s$ はデータ分布の標準偏差（不偏分散の正の平方根），$N$ はサンプルサイズ，$t_1$ は自由度が $N-1$，有意水準が $\alpha$ の両側 $t$ 検定における上側限界値です。

　先の例で，平均偏差値の 95％信頼区間を求めてみます。まず，偏差値の分布の標準偏差は 10 と決められているので，$s = 10$ です。次に，$N = 4$ のとき，自

由度は $4-1=3$,上側確率 $0.05/2=0.025$ に対応する限界値は $t_1=3.182$ なので,信頼区間の下限値と上限値はそれぞれ $55 \pm 3.182 \times 10 \times \sqrt{1/4}$ で求められ,[39.09, 70.91] となります。同様にして,$N=400$ の場合は $55 \pm 1.966 \times 10 \times \sqrt{1/400}$ で求められ,[54.02, 55.98] となります。

「95％の確率で母集団値を含む」という条件を満たすために,サンプルサイズが4人の場合はおよそ $\pm 16$ もの幅をとらなければならないのに対し,400人の場合は $\pm 1$ 程度の幅で済むわけですから,400人の場合のほうが55という平均値に対する信頼感が大きいことがわかります。

このように信頼区間の幅はサンプルサイズと関連します。この関係を利用して,信頼区間の幅をどれくらいにしたいか,ひいてはどの程度の信頼感をもちたいかに基づいて,サンプルサイズを設計することが考えられます。

## 3.2　1群の平均値の場合

### 3.2.1　サンプルサイズの推定法

**信頼区間に基づくサンプルサイズ設計**を理解するために,例として1群の母平均値を推定する場合を考えます。先の,ある地域の平均偏差値を知りたい場合などが該当します。

式（3.1）を見ると,**信頼区間の半幅**は $t_1 s \sqrt{1/N}$ であることがわかります。そこで,この幅をデータ分布の標準偏差 $s$ の何倍の大きさに留めたいかという値 $h$ を考え,それを満たすサンプルサイズを推定します。データ分布の標準偏差に対する,信頼区間の半幅の割合を $h_1$ とすると,$h_1$ は次のように書くことができます。

$$h_1 = t_1 s \sqrt{1/N}/s = t_1 \sqrt{1/N} \tag{3.2}$$

この $h_1$ が $h$ 以下になるような最小の $N$ を求めれば,それが最低限必要なサンプルサイズになり,その値は次式で推定されます。

$$N \geq \frac{t_1^2}{h^2} \tag{3.3}$$

たとえば,95％信頼区間の半幅をデータ分布の標準偏差の2割（$h=0.2$）以下に留めたいとします。仮に $N=98$ とすると,$N=98$ に対応する $t_1$ の値は1.985で,式（3.3）の右辺は $1.985^2/0.2^2 = 98.5$ となって,左辺の98より大きくなって

しまい，式（3.3）を満たしません。$N = 98$ ではまだサンプルが足りないのです。そこで，サンプルを 1 増やして $N = 99$ とします。$N = 99$ に対応する $t_1$ は 1.984 で，$1.984^2/0.2^2 = 98.4 \leq 99$ となって，今度は式（3.3）を満たします。よって，式（3.3）を満たす最小の $N$ は 99 であることがわかります。このように，式（3.3）を満たす最小の $N$ を求めるには，$N$ の値とそれに対応する $t_1$ の値を式（3.3）に代入し，不等式を満たさなければ $N$ の値を大きくしていくという計算を繰り返します。そして，式（3.3）を満たす最小の $N$ を，最低限必要なサンプルサイズとします。

今見たように，1 群の母平均値の推定において，信頼区間の半幅をデータ分布の標準偏差の 2 割以下の大きさにするには，約 100 人のサンプルを集めればよいことがわかります。

### 3.2.2　R による計算

上記の計算を R で行うには次のようなプログラムを実行します。

```
#
a <- 0.95     # 信頼係数 = 95%
h <- 0.2      # 信頼区間の半幅は標準偏差の 0.2 倍
n <- 2        # サンプルサイズ推定の初期値
a2<- 1 - (1-a)/2
repeat{
 df <- n-1                # t 統計量の自由度
 t1 <- qt(a2, df)         # t 分布の限界値
 tn <- t1*t1/(h*h)        # サンプルサイズの推定
 if (tn > n) n <- n+1     # 式（3.3）を満たさない→ n の値を更新してやり直し
 if (tn <= n) break       # 式（3.3）を満たす→終了
}
n

#
```

このプログラムにおいて，もし，95 % 信頼区間ではなく 99 % 信頼区間の半幅を

標準偏差の 0.2 倍以下にするとしたら，`a <- 0.95` を `a <- 0.99` と書きかえます。この場合，$N$ は 170 となります。また，95％信頼区間の半幅を標準偏差の 0.2 倍ではなく 0.5 倍以下にするとしたら，`h <- 0.2` を `h <- 0.5` と書きかえます。この場合は $N = 18$ となります。

### 3.2.3 信頼区間の幅の大きさ

信頼区間の半幅をデータ分布の標準偏差の 0.2 倍にするとか 0.5 倍にするとかいわれても，それがどれくらいの幅なのかイメージが湧かないかもしれません。そこで，信頼区間の半幅を標準偏差の 0.1，0.2，0.5，0.8，1.0，1.6 倍にしたときの信頼区間と，データ分布とを比較したものを 図3.1 に示します。

主観的な評価になりますが，信頼区間の半幅が標準偏差の 0.1 倍や 0.2 倍であればかなりの信頼感，0.5 倍であればまあまあの信頼感がもてそうですが，0.8 倍やそれ以上となると，推定値（標本平均）に対する信頼感はかなり低くなるように見受けられます。先の，ある地域の平均偏差値の例では，標準偏差に対する 95％信頼区間の半幅の割合は，4 人の場合は約 1.6 倍（16/10），400 人の場合は約 0.1 倍（1/10）で，図3.1 に示した信頼区間の一番下と一番上に相当し，55 という平

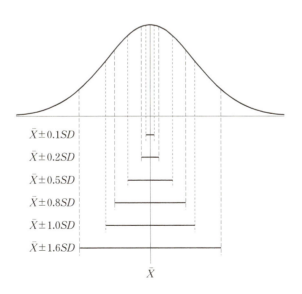

**図3.1** 信頼区間とデータ分布の比較

均値に対する信頼感が大きく異なることが見てとれます。

　サンプルサイズの推定にあたって，信頼区間の半幅をどれくらいの大きさにするのがよいかについて，特に明確な基準がない場合は，標準偏差の 0.5 倍（$h = 0.5$）とするのが，1 つの選択枝として考えられます。

　私たち人間が，何らかの特性の程度の違いを識別できるのは，せいぜい 5～6 段階であるといわれています。たとえば，かつて学校現場で用いられていた 5 段階評価は，平均 $\pm 0.5s$ を 3，その上側 $1s$ の範囲を 4，それ以上の範囲を 5，また，3 の下側 $1s$ の範囲を 2，それ以下の範囲を 1 としています。つまり，1 標準偏差（$\pm 0.5s$）以内の違いは同じカテゴリとし，それよりも大きい差があれば異なるカテゴリと評定しています。よって，$h = 0.5$ とすることは，私たち人間が，程度の違いを認識し得る最小のサンプルサイズを推定することに相当します。

　また，母平均値の差について議論するとき，データ分布の標準偏差の 3 分の 1（$h = 0.33$）程度までの違いは同等とすることがあります（石井，2005；石井，2014 など参照）。よって，$h$ をあまりに小さくすると，実質的には同等とみなせるものを，差があると主張しかねないことになります。この点からも，平均値に関する研究において $h = 0.5$ と設定するのは，1 つの妥当な選択枝だと考えられます。

### 3.2.4　信頼区間の半幅の解釈

　信頼区間を統計的検定との関連でとらえると，$100(1 - \alpha)\%$ 信頼区間は，有意水準 $\alpha$ の（両側）検定で棄却されない母集団値の範囲と解釈することができます。この解釈を用いると，たとえば $h = 0.5$ を満たすサンプルサイズは，母集団平均と標本平均のズレの大きさが，データ分布の標準偏差の 0.5 倍以下のときは統計的に有意にはならず，ズレの大きさがデータ分布の標準偏差の 0.5 倍より大きくなってはじめて，5％水準で統計的に有意となるサンプルサイズということになります。なお，統計的検定に基づくサンプルサイズの推定については，前章を参照してください。

### 3.2.5　異なる条件下におけるサンプルサイズの一括推定

　サンプルサイズを推定するにあたり，信頼係数や信頼区間の半幅の割合をいちいち設定して計算するのでは，効率がよくありません。R でプログラムを組めば，

いくつかの条件下におけるサンプルサイズを一括して推定することができます。また，サンプルサイズを視覚的に確認する図を描くことも可能です。

信頼係数 $a$ を 99％，95％，90％，また，データ分布の標準偏差に対する信頼区間の半幅の割合 $h$ を 0.1, 0.2, 0.33, 0.5, 0.8, 1.0 とそれぞれ設定した場合のサンプルサイズを推定するプログラムは以下のようになります。

```
#
a <- c(0.99, 0.95, 0.90)
h <- c(0.1, 0.2, 0.33, 0.5, 0.8, 1.0)
a2 <- 1 - (1-a)/2
vecn <- matrix(c(0),length(a2), length(h))
rownames(vecn) <- a
colnames(vecn) <- h
for(j in 1:length(a2)){
 n <- 2
 for(i in length(h):1){
  repeat{
   df <- n-1
   t1 <- qt(a2[j], df)
   tn <- t1*t1/(h[i]*h[i])
   if (tn > n) n <- n+1
   if (tn <= n) break
  }
  vecn[j,i] <- n
 }
}
vecn
#
```

このプログラムによって推定されたサンプルサイズを 表3.1 に示します。表3.1 を見ると，先ほど確認した $N = 99$ は，信頼係数が 95％の行の，$h = 0.2$ の列に配置されていることが確認されます。

サンプルサイズを視覚的に確認する図を作成するプログラムを以下に，また，

### 表3.1　1群の平均値の信頼区間に基づくサンプルサイズ

| 信頼係数 | 各群の $SD$ に対する信頼区間の半幅の割合 | | | | | |
|---|---|---|---|---|---|---|
| | 0.10 | 0.20 | 0.33 | 0.50 | 0.80 | 1.00 |
| 99 % | 668 | 170 | 65 | 31 | 15 | 11 |
| 95 % | 387 | 99 | 38 | 18 | 9 | 7 |
| 90 % | 273 | 70 | 27 | 13 | 7 | 5 |

それによって作成された図を 図3.2 に示します。

```
#
a <- c(0.99, 0.95, 0.90)
a2 <- 1 - (1-a)/2
h <- seq(0.1, 1, by = 0.01)
vecn <- h
names(vecn) <- h
par(mfrow = c(1,1))
matplot("n", xlim = c(0.1, 1.1), xaxp = c(0.1, 1.1, 10),
        ylim = c(0,800), yaxp = c(0,800, 8), las = 1,
        xlab = "h", ylab = "Sample Size")
for(a2t in a2){
 n <- 2
 for(i in length(h):1){
  repeat{
   df <- n-1
   t1 <- qt(a2t, df)
   tn <- t1*t1/(h[i]*h[i])
   if (tn > n) n <- n+1
   if (tn <= n) break
  }
  vecn[i] <- n
```

```
        }
        matpoints(h, vecn, type = "l", lwd = 2)
    }
    x <- seq(0.1, 1.1, by = 0.1)
    y <- seq(0, 800, by = 100)
    abline(h = y, v = x)
    text(1.0, 55, pos = 4, "99%")
    text(1.0, 35, pos = 4, "95%")
    text(1.0, 15, pos = 4, "90%")
    #
```

図3.2 を見ると，より幅の狭い（信頼感の高い）信頼区間を得るには，より大きいサンプルサイズが必要であり，その度合いは区間幅が狭くなるほど強くなることが見てとれます．実際，95％信頼区間を用いる場合，50人規模のデータであれば $h = 0.3$ 程度，100人規模のデータであれば $h = 0.2$ 程度ですが，$h = 0.1$ 程度にするにはおよそ400人規模のデータが必要であり，より大きいサンプルが必要になることがわかります．

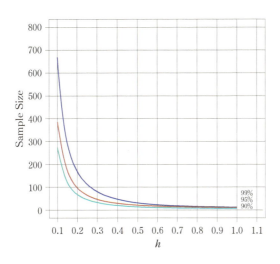

図3.2　1群の平均値の信頼区間に基づくサンプルサイズ

## 3.3 対応のない2群の平均値の差の場合

### 3.3.1 サンプルサイズの推定法

たとえば，自尊感情が高い群と低い群とで，援助要請志向性の平均値にどの程度差があるかを検討するとします。自尊感情の高群と低群は対応のない群になりますから，対応のない2群の母平均値の差に関する推測を行うことになります。このような研究において，信頼区間に基づいてサンプルサイズを推定する方法を見ていきます。

**対応のない2群の母平均値の差の信頼区間**は次のように構成されます。

$$[\bar{X}_1 - \bar{X}_2 - t_* s_* \sqrt{1/n_1 + 1/n_2},\ \bar{X}_1 - \bar{X}_2 + t_* s_* \sqrt{1/n_1 + 1/n_2}]$$
(3.4)

ここで$\bar{X}_1$, $\bar{X}_2$は各群の標本平均，$n_1$, $n_2$は各群のサンプルサイズ，$t_*$は自由度が$n_1 + n_2 - 2$，有意水準が$\alpha$の両側$t$検定における限界値，$s_*$は2群に共通な母標準偏差の推定値で，次式で計算されるものです。ただし，$s_1$, $s_2$は各群のデータ分布の標準偏差です。

$$s_* = \sqrt{\frac{(n_1 - 1)s_1^2 + (n_2 - 1)s_2^2}{(n_1 - 1) + (n_2 - 1)}}$$
(3.5)

サンプルサイズの推定にあたっては，1群の平均値の場合と同様に，データ分布の標準偏差に対する，平均値差の信頼区間の半幅の割合$h$をどれくらいに留めたいかを考えます。各群のサンプルサイズと標準偏差がそれぞれ等しい，つまり，$n_1 = n_2 = n$, $s_1 = s_2$と仮定すると，最低限必要な各群のサンプルサイズは，次式を満たす$n$となります。

$$n \geqq \frac{2t_*^2}{h^2}$$
(3.6)

なお，2群の標準偏差が同程度とは考え難い場合は，サンプルサイズを過小評価しないために，大きいほうの標準偏差に基づいて$h$の値を考えます。大きいほうの標準偏差に基づいた場合のほうが，同じ区間幅を実現するのに，より小さな$h$の値を必要とするからです。

### 3.3.2 Rによる計算

信頼係数を99％，95％，90％とし，また，データ分布の標準偏差に対する，対応のない2群の母平均値差の信頼区間の半幅の割合$h$を0.1，0.2，0.33，0.5，0.8，1.0とそれぞれ設定した場合に必要となる各群のサンプルサイズを推定するRのプログラムは次のようになります。

```
#
a <- c(0.99, 0.95, 0.90)
h <- c(0.1, 0.2, 0.33, 0.5, 0.8, 1.0)
a2 <- 1 - (1-a)/2
vecn <- matrix(c(0),length(a), length(h))
rownames(vecn) <- a
colnames(vecn) <- h
for(j in 1:length(a)){
 n <- 2
 for(i in length(h):1){
  repeat{
   df <- 2*(n-1)
   ta <- qt(a2[j], df)
   tn <- 2*ta*ta/(h[i]*h[i])
   if (tn > n) n <- n+1
   if (tn <= n) break
  }
  vecn[j,i] <- n
 }
}
vecn
#
```

このプログラムを用いてサンプルサイズを推定した結果を 表3.2 に示します。また，サンプルサイズを視覚的に確認する図を 図3.3 に示します。

表3.2 を見ると，信頼係数95％において$h = 0.33$としたければ，各群72人，

表3.2 対応のない2群の平均値の差の信頼区間に基づくサンプルサイズ

| 信頼係数 | 各群の SD に対する信頼区間の半幅の割合 | | | | | |
|---|---|---|---|---|---|---|
| | 0.10 | 0.20 | 0.33 | 0.50 | 0.80 | 1.00 |
| 99 % | 1329 | 334 | 124 | 56 | 23 | 16 |
| 95 % | 770 | 194 | 72 | 32 | 14 | 9 |
| 90 % | 543 | 137 | 51 | 23 | 10 | 7 |

推定値は各群のサンプルサイズ

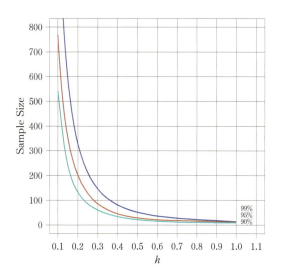

図3.3 対応のない2群の平均値の差の信頼区間に基づくサンプルサイズ

両群あわせると144人以上のサンプルが必要になることがわかります。同様に，信頼係数99%において $h = 0.5$ としたければ，各群56人，両群あわせると112人以上のサンプルが必要になることがわかります。

図3.3 を見ると，1群の平均値の場合（図3.2）と同様に，より幅の狭い（信頼感の高い）信頼区間を得るには，より大きいサンプルサイズが必要であり，その度合いは区間幅が狭くなるほど強くなることがわかります。

### 3.3.3 信頼区間の半幅の解釈

1群の母平均値の推定の場合と同様に，信頼区間を統計的検定との関連でとらえると，たとえば $h = 0.5$ を満たすサンプルサイズは，標本平均の差の大きさが，データ分布の標準偏差の 0.5 倍以下のときは統計的に有意にはならず，標本平均の差の大きさが，データ分布の標準偏差の 0.5 倍より大きくなってはじめて，統計的に有意となるサンプルサイズとなります。

ここで，データ分布の標準偏差に対する標本平均の差の大きさの割合は**効果量**であることを考えると，以上のことは，平均値差について，**標本効果量**が 0.5 以下のときは統計的に有意にならず，0.5 より大きくなってはじめて，統計的に有意となるサンプルサイズということができます。

### 3.3.4 多群への拡張

自宅生，下宿生，寮生のそれぞれにおける自立心尺度得点の平均値を比較する場合のように，対応のない多群の平均値について検討する研究において，信頼区間に基づいてサンプルサイズを推定する方法を考えます。

群の数を $g$ とすると，$g$ 群から 2 群を取り出す組合せの数 $G$ は，$G = g(g - 1)/2$ となります。確かに，自宅生，下宿生，寮生の 3 群から 2 群を取り出す組合せは，自宅生-下宿生，自宅生-寮生，下宿生-寮生の 3 通りで，$3(3 - 1)/2 = 3$ となります。

サンプルサイズの推定は，対応のない 2 群の場合と同様に，各組合せに対する平均値の差の信頼区間の半幅をどれくらいの大きさに留めたいかで推定します。ただし，信頼区間が全部で $G$ 個推定されることを考慮して，信頼係数を $100(1 - \alpha/G)\%$ とします。このように推定される $G$ 個の信頼区間を**同時信頼区間**といいます。同時信頼区間を用いると，**ボンフェロニの不等式**より，$G$ 個全体での信頼係数を $100(1 - \alpha)\%$ 以上にすることができます。

3 群ある場合の，95％同時信頼区間の各信頼区間の信頼係数は $100(1 - 0.05/3) = 98.3\%$，同様に，4 群ある場合は $G = 4(4 - 1)/2 = 6$ より，信頼係数は $100(1 - 0.05/6) = 99.2\%$ となります。よって，群の数が 3 や 4 の場合は，おおよそ 99％信頼区間の半幅の大きさを検討することで，全体としての信頼係数を 95％とすることができます。より正確には，3 群の場合は **a <- 0.983**，4 群の場合は **a <- 0.992** として，3.3.2 項の R のプログラムを実行します。

## 3.4 対応のある2群の平均値の差の場合

### 3.4.1 サンプルサイズの推定法

理想自己と現実自己における自己効力感の母平均値にどの程度の差があるかを検討するとします。各研究参加者は，理想自己と現実自己の両方で自己効力感を評価しますから，対応のある2群の母平均値の差に関する推測を行うことになります。

対応のある2群の母平均値の差の信頼区間は次のように構成されます。

$$[\bar{X}_1 - \bar{X}_2 - t_d s_d \sqrt{1/N},\ \bar{X}_1 - \bar{X}_2 + t_d s_d \sqrt{1/N}] \tag{3.7}$$

ここで $\bar{X}_1$, $\bar{X}_2$ は各群の標本平均，$N$ はサンプルサイズ，$t_d$ は自由度が $N-1$，有意水準が $\alpha$ の両側 $t$ 検定における限界値，$s_d$ は差得点の分布の標準偏差で，次式で計算されるものです。ただし，$s_1$, $s_2$ は各群のデータ分布の標準偏差，$r$ は群間の相関係数です。

$$s_d = \sqrt{s_1^2 + s_2^2 - 2r s_1 s_2} \tag{3.8}$$

サンプルサイズの推定にあたっては，1群の平均値の場合と同様に，データ分布の標準偏差に対する，平均値差の信頼区間の半幅の割合 $h$ をどれくらいに留めたいかを考えます。各群の標準偏差がそれぞれ等しい，つまり $s_1 = s_2$ と仮定すると，最低限必要な各群のサンプルサイズは，以下の式を満たす $N$ となります。

$$N \geqq \frac{2(1-r) t_d^2}{h^2} \tag{3.9}$$

なお，2群の標準偏差が同程度とは考え難い場合は，対応のない2群の場合と同様に，大きいほうの標準偏差に基づいて $h$ の値を考えます。

### 3.4.2 Rによる計算

群間の相関係数を 0.5 とし，信頼係数を 99％，95％，90％，また，データ分布の標準偏差に対する，対応のある2群の母平均値差の信頼区間の半幅の割合 $h$ を 0.1, 0.2, 0.33, 0.5, 0.8, 1.0 とそれぞれ設定した場合に必要となるサンプルサイズを推定するRのプログラムは次のようになります。

## 3.4 対応のある 2 群の平均値の差の場合

```
#
r <- 0.5
a <- c(0.99, 0.95, 0.90)
h <- c(0.1, 0.2, 0.33, 0.5, 0.8, 1.0)
a2 <- 1 - (1-a)/2
vecn <- matrix(c(0),length(a), length(h))
rownames(vecn) <- a
colnames(vecn) <- h
for(j in 1:length(a)){
 n <- 2
 for(i in length(h):1){
  repeat{
   df <- n-1
   td <- qt(a2[j], df)
   tn <- 2*td*td*(1-r)/(h[i]*h[i])
   if (tn > n) n <- n+1
   if (tn <= n) break
  }
  vecn[j,i] <- n
 }
}
vecn
#
```

 上のプログラムは群間の相関係数を 0.5 とした場合ですが,相関係数を 0 とする場合は `r <- 0`,相関係数を 0.3 とする場合は `r <- 0.3` としてプログラムを実行します.

 上のプログラムを用いて,対応のある 2 群の母平均値の差の推測を行うときに必要な各群のサンプルサイズを推定した結果を 表3.3 に示します.また,サンプルサイズを視覚的に確認する図を 図3.4 に示します.

 表3.3 を見ると,信頼係数 95 % で $h = 0.33$ とするとき,群間の相関係数が 0.0 であれば 73 人,相関係数が 0.5 であれば 38 人以上のサンプルが必要になること

表3.3 対応のある2群の平均値の差の信頼区間に基づくサンプルサイズ

| 相関係数 | 信頼係数 | 各群の $SD$ に対する信頼区間の半幅の割合 | | | | | |
|---|---|---|---|---|---|---|---|
| | | 0.10 | 0.20 | 0.33 | 0.50 | 0.80 | 1.00 |
| 0 | 99% | 1331 | 336 | 126 | 57 | 25 | 18 |
| | 95% | 771 | 195 | 73 | 34 | 15 | 11 |
| | 90% | 543 | 138 | 52 | 24 | 11 | 8 |
| 0.3 | 99% | 933 | 237 | 90 | 41 | 19 | 14 |
| | 95% | 541 | 137 | 52 | 24 | 11 | 8 |
| | 90% | 381 | 97 | 37 | 18 | 8 | 6 |
| 0.5 | 99% | 668 | 170 | 65 | 31 | 15 | 11 |
| | 95% | 387 | 99 | 38 | 18 | 9 | 7 |
| | 90% | 273 | 70 | 27 | 13 | 7 | 5 |
| 0.7 | 99% | 402 | 104 | 41 | 20 | 10 | 8 |
| | 95% | 233 | 61 | 24 | 12 | 7 | 5 |
| | 90% | 165 | 43 | 17 | 9 | 5 | 4 |

がそれぞれわかります。なお，群間の相関係数の値がよくわからないときは，少なくとも対応のある2群の相関係数は負にはならないと考え，$r = 0$ としておきます。

対応のない場合（表3.2）と対応のある場合（表3.3）を比較すると，表3.3において $r = 0$ とした場合のサンプルサイズが，表3.2の各群のサンプルサイズにだいたい一致していることが見てとれます。表3.2は各群のサンプルサイズですから，対応のない2群の場合は，同じ信頼感を得るのに約2倍のサンプルが必要になることがわかります。

このことは，2群の母平均値の差の検討において，対応のある群としてデータを収集することができれば，対応のない群としてデータを収集する場合に比べ，全体のサンプルサイズは半分以下で済むことを意味します。しかし逆に，対応のない群としてしかデータを収集できなくても，サンプルサイズを約2倍にすれば，対応のある群と同程度の信頼感を得ることができると考えることもできます。ただしその場合，対応のない2群は，群分けをする変数以外の属性は同等の集団であることが必要となります。

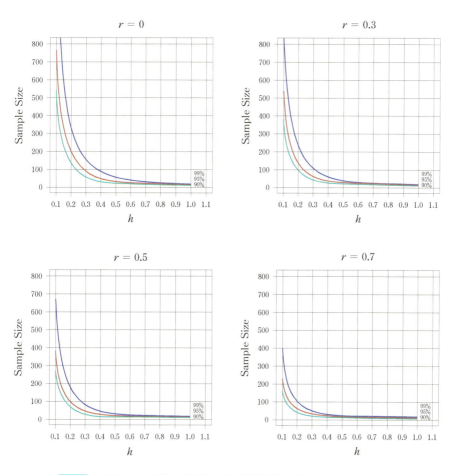

**図3.4** 対応のある2群の平均値の差の信頼区間に基づくサンプルサイズ

## 3.5 相関係数の場合

### 3.5.1 サンプルサイズの推定法

　多枝選択式テストと記述式テストの得点間の相関係数がどの程度であるかを検討するとします。各研究参加者は，多枝選択式問題と記述式問題からなるテストを受検します。そして，多枝選択式問題の合計得点と記述式問題の合計得点をそれぞれ求め，得点間の相関係数を推定します。

フィッシャーの **z 変換**（$z = \text{arctanh}\, r$）という方法を用いた場合，**相関係数の信頼区間**は次のように構成されます．

$$[\tanh(z - z_0\sqrt{1/(N-3)}),\ \tanh(z + z_0\sqrt{1/(N-3)})] \qquad (3.10)$$

ここで tanh は双曲線正接関数，arctanh は逆双曲線正接関数，$r$ は相関係数，$N$ はサンプルサイズ，$z_0$ は有意水準 $\alpha$ の両側 $z$ 検定における限界値です．

サンプルサイズの推定にあたっては，信頼区間の半幅をどれくらいの大きさに留めたいかを考えます．ただし，式（3.10）による信頼区間は $r$ の値に関して左右対称とはならないため，式（3.10）で求める区間幅の半分が条件を満たすように，最低限必要なサンプルサイズを推定します．

なお，信頼区間の推定にあたっては，**非心分布**を利用する方法もあります（南風原，2014 など）．本書では説明が簡潔なフィッシャーの $z$ 変換を利用した方法を用いましたが，非心分布を利用した場合，サンプルサイズの推定値は若干小さくなります．

### 3.5.2　R による計算

相関係数を 0.3 とし，信頼係数を 99 ％，95 ％，90 ％，また，母相関係数の信頼区間の半幅 $h$ を 0.05，0.075，0.10，0.15，0.20，0.30 とそれぞれ設定した場合に必要となるサンプルサイズを推定する R のプログラムは次のようになります．

```
#
r <- 0.3
a <- c(0.99, 0.95, 0.90)
h <- c(0.05, 0.075, 0.10, 0.15, 0.20, 0.30)
a2 <- 1 - (1-a)/2
vecn <- matrix(c(0),length(a), length(h))
rownames(vecn) <- a
colnames(vecn) <- h
for(j in 1:length(a)){
 n <- 4
 for(i in length(h):1){
```

```
  repeat{
    t0 <- qnorm(a2[j])
    se <- 1/sqrt(n-3)
    lz <- atanh(r)-t0*se
    uz <- atanh(r)+t0*se
    elz <- tanh(lz)
    euz <- tanh(uz)
    hci <- (euz-elz)/2
    if (hci > h[i]) n <- n+1
    if (hci <= h[i]) break
  }
  vecn[j,i] <- n
 }
}
vecn
#
```

 上のプログラムは相関係数を 0.3 とした場合ですが，相関係数を 0 とする場合は `r <- 0`，相関係数を 0.4 とする場合は `r <- 0.4` としてプログラムを実行します．

 上のプログラムを用いて，相関係数が 0.0，0.3，0.4，0.5 のときに必要なサンプルサイズを推定した結果を 表3.4 に示します．また，サンプルサイズを視覚的に確認する図を 図3.5 に示します．

 表3.4 を見ると，相関係数が 0.3 のとき，95％信頼区間の半幅を 0.1 以下の大きさにしたければ 320 人以上のサンプルが必要になることがわかります．

 相関係数の値がよくわからないときは，対応のある 2 群の場合と同様に，サンプルサイズを過小評価しないようにするために，$r = 0$ と考えておきます．

第 3 章　信頼区間に基づくサンプルサイズ設計

**表3.4**　相関係数の信頼区間に基づくサンプルサイズ

| 相関係数 | 信頼係数 | 信頼区間の半幅の大きさ | | | | | |
|---|---|---|---|---|---|---|---|
| | | 0.050 | 0.075 | 0.100 | 0.15 | 0.20 | 0.30 |
| 0 | 99 % | 2653 | 1179 | 663 | 294 | 165 | 73 |
| | 95 % | 1538 | 684 | 385 | 172 | 97 | 44 |
| | 90 % | 1084 | 483 | 272 | 122 | 69 | 32 |
| 0.3 | 99 % | 2198 | 977 | 550 | 244 | 138 | 61 |
| | 95 % | 1274 | 567 | 320 | 143 | 81 | 37 |
| | 90 % | 898 | 400 | 226 | 102 | 58 | 27 |
| 0.4 | 99 % | 1874 | 833 | 469 | 209 | 118 | 53 |
| | 95 % | 1086 | 484 | 273 | 123 | 70 | 32 |
| | 90 % | 766 | 342 | 193 | 87 | 50 | 24 |
| 0.5 | 99 % | 1495 | 666 | 376 | 168 | 96 | 44 |
| | 95 % | 867 | 387 | 219 | 99 | 57 | 27 |
| | 90 % | 612 | 274 | 155 | 71 | 41 | 20 |

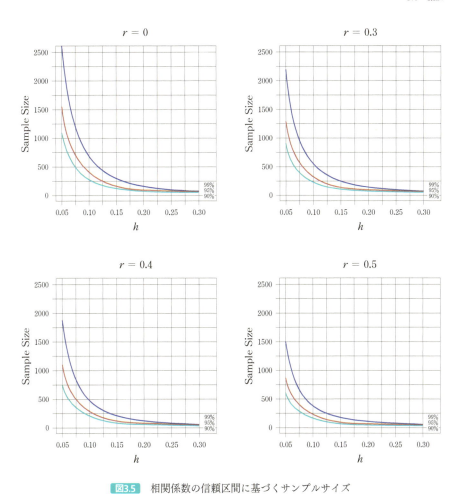

**図3.5** 相関係数の信頼区間に基づくサンプルサイズ

## 3.6 結語

　本章では,信頼区間に基づくサンプルサイズ設計の原理と,いくつかの分析法について実際にサンプルサイズを推定するRのプログラムとサンプルサイズの推定値を紹介しました。本章の図表にも示されているように,たとえば平均値に関する分析であれば,信頼区間の半幅をデータ分布の標準偏差の0.5倍($h = 0.5$)にするなら,サンプルサイズは各群数十人程度で済みますが,$h = 0.1$にするとなると,各群数百人のサンプルを集めなければならないということは,感覚とし

てもっておくとよいでしょう。一般論として，推定精度は高い，つまり，信頼区間の幅は狭いほうが望ましいですが，われわれ人間の認知能力を考えれば，推定精度をいくら高めても導出される結論は変わらないということも覚えておく必要があるでしょう。サンプルサイズを決めるにあたっては，このあたりの現実検討能力も必要なのです。

# 第4章 認知心理学研究における サンプルサイズ設計

■ 井関龍太

## 4.1 認知心理学分野における現状

　サンプルサイズ設計は，研究者にとってどんな意味をもっているかを振り返ることからはじめてみましょう。まず，研究者にとっては，実験や調査をはじめる前にあらかじめ必要な実験参加者や調査回答者の数がわかるというメリットがあります。これにより，準備すべき設備や施設の規模，それらを使用する期間，実験実施者や協力者などの労働力，実験参加者への謝金などを具体的に思い描くことができ，計画の実現可能性を検討することができます。また，不必要にたくさんの参加者を集めすぎるということも防げます。このことは，参加者の負担は研究にとって必要最小限とし，無用な苦痛を与えないという意味で倫理的な配慮の観点からも適切であるといえるでしょう。研究に協力してくれる方々の貴重な労力もまた有限な資源であると考えるなら，増やす意味のないデータの収集は控え，そこで実験や調査を終了するか，別の実験または調査に切り替えるほうが効率的です。加えて，最近のサンプルサイズ設計に関する議論では，研究倫理の観点からの主張もあるように思います。具体的には，不適当なほど多くのデータを集めることによって，実質科学的にはほとんど意味のないような小さな差を故意に統計的に「有意」にしていると思われるような研究を防ぐというものです。

　こうした流れに沿って，最近では，事前のサンプルサイズ設計を勧めるジャーナルも増えてきました。認知心理学分野において著名なジャーナルを何誌も発行している Psychonomic Society でも，論文投稿の際にサンプルサイズ設計を求めるようになりました。たとえば，*Psychonomic Bulletin & Review* 誌の投稿者への案内には，以下のように書かれています（Psychonomic Society, 2016）。

> In any case, the Method section should make clear what criteria were used to determine the sample size. The main points here are to (a) do what you reasonably can to attain adequate power and (b) explain how the number of

participants was determined.

引用者訳：いずれにしても，方法のセクションはサンプルサイズを決めるのにどんな基準を使ったかを明確にすべきである。ここでの主な論点は，（a）適度な検定力を達成するために適切な範囲でなしえたことと（b）参加者数をどのように決めたかを説明することである。

同様のガイドラインは，*Memory & Cognition* や *Attention, Perception, & Psychophysics* などの Psychonomic Society のほかのジャーナルでも用いられています。

それでは，認知心理学者は活発にサンプルサイズ設計について論文で報告しているのでしょうか。残念ながら，私は認知心理学分野の論文でサンプルサイズや検定力の設計について明確に記した論文をほとんど見たことがありません。ごくたまに G*Power を使って決めたとだけ書いてあることがありますが，効果量をいくつに定めたのか，検定力はどのくらいにしたのか，そもそもどの効果（主効果または交互作用）を検出することを想定しているのかといった肝心な情報を述べていないものばかりです。検定力分析に関する記述を明示的に求めているはずの Psychonomic Society のジャーナルの最新の論文でさえ同じような状況です。

純粋に認知心理学分野といえるかは定かでありませんが，私がこれまでに読んだことのある実験研究の論文のなかで最も詳しくサンプルサイズ設計について述べた研究は，Schroeder & Epley（2015）だと思います。この実験では，まず 18 人の MBA（専門職大学院）の学生が就職面接を意識した自己 PR をする様子をビデオ撮影しました。これが実験刺激になり，実験参加者はこれらのビデオを 3 つの条件のもとで視聴して評価をすることになっていました。各学生のビデオを 3 人の人が観察するようにしたかったので（この理由は明記されていません），18 × 3 人 × 3 条件で 162 人の参加者を募集することにしました。特に，第 1 実験では効果量が予測できなかったので，自分たちのラボの経験上うまくいきそうだったからこのくらいに設定したと述べています（第 2 実験以降は第 1 実験のサンプルサイズを踏襲しています）。また，条件ごとの参加者数が 50 人程度になっているので中程度の効果を検出するのであれば 80 ％の検定力が得られるとも述べています。統計的手法やソフトウエアの使用については触れられていませんでした。

Schroeder & Epley（2015）は，いろいろな点で例外的な研究だろうと思います。統計的手法については言及されていないものの，私はこの論文はなかなか優れたサンプルサイズ設計の報告をしていると思います。デザインから生じる必然性

と実行可能性は，現実に研究を進めるうえで極めて重要な案件であるにもかかわらず，検定力分析に関する議論ではほとんど触れられていません。また，論文では言及しにくいけれども貴重な経験則を明確に述べていることも特筆に値します。

しかし，こんなやり方には納得しないという人もいるでしょう。また，特別に面白い研究だったから，著者が有名な研究者だったから，こうした「暴挙」が許されたのだと思う人もいるかもしれません。こうした意見に答えるためには，より客観的，理論的なサンプルサイズ設計の根拠が求められることでしょう。本章では，認知心理学の領域でよく行われるような実験研究を念頭に置いて，より妥当で多くの人の納得が得られるサンプルサイズ設計を行うための方法論とそれを実行するためのツールを紹介したいと思います。

## 4.2 既存の検定力分析の枠組みの限界

それでは，なぜ多くの認知心理学者は検定力分析に基づくサンプルサイズ設計を行わないのかを改めて考えてみましょう。1つには，G*Power などのツールを使って実際に検定力分析をしてみると，研究者の直感や研究の実態に即さないほど大きなサンプルサイズが要求されることが少なくないということがあると思います。たとえば，経験的に，自分たちが扱っている実験パラダイムで基本的な効果を検出する（たとえば，色つき単語を提示してストループ効果を検出するなど）ためには20人くらいで十分だと思っている研究者に対して，80〜95％の検定力を達成するには40〜80人は必要ですといった結果が返ってくるわけです。そして，実際に実験を行ってみるとやはり20人くらいで効果を検出できるといった経験を繰り返すと，研究者は検定力分析の結果は「あてにならない」のではないかと感じるようになるのではないでしょうか。このこととも関係しますが，一部の研究者が検定力分析の必要性を感じられない理由として，検定力分析に基づくと「どんな実験でもいつでも同じサンプルサイズになる」という議論を耳にしたことがあります。一般に，実験をする前には効果量は未知です。そこで，そのような場合には，Cohen のガイドラインに基づいて中程度の効果量をもとにサンプルサイズを計算するものとしましょう。一方で，検定力の設定は，個々の研究者が決めるというよりは，研究者集団のコンセンサスで決まっているのでほぼ変えることができません。すると，同じ効果量を用いて同じ検定力で設計するのですから，確かにどんな実験でも同じサンプルサイズが要求されることになります。1人の実験参加者が1時間近くパソコンの前に座って画面上の刺激に対して1,000回以

上も反応するような実験でも，集団で参加して皆でデモンストレーションを見てそれぞれの人が1回だけ反応するような実験でも，まったく同じサンプルサイズになるわけです。一般に，前者のような状況では比較的少数の参加者で実験が成立し，後者では多数の参加者を必要とするというのがコンセンサスですし，直感にも合致すると思います。そうすると，実験状況の違いにかかわらず同じ結果しか出さない検定力分析は，やはり認知心理学者にとって「あてにならない」ものと感じられるのではないでしょうか。結果として，認知心理学者には，検定力分析の有用性や妥当性が実感できないということが起こるのではないかと思います。

　こうした状況に陥る理由の1つとしては，研究領域としての統計学とユーザーとしての心理学者の間に関心の違いがあるからではないかと思います。一般に，教科書などで紹介される検定力分析では，独立の2群の比較という簡単な場合が想定されていることがほとんどです。これは単純な場合から扱うという意味で教科書的な配慮として妥当なものでしょう。しかし，実際の研究はこのような単純なケースにあてはまらないもののほうがずっと多いといえます。実験研究との関係でいえば，デザインの複雑さに対する認識が，研究領域としての統計学とユーザーとしての心理学者の間で違っているのではないかと思います。以前，実際の研究でどのような要因計画が使われているのかが気になって，ある日本のジャーナルの1年分の論文をざっと確認したことがありました。内訳としては2要因や3要因の計画を使った研究が7～8割を占め，なかには4要因や5要因の分析を行った研究も複数ありました。これに対して，統計学領域の論文などを読んでいると，新しい手法の提案などは多くの場合1要因の被験者間デザインを想定したもので，2要因の混合デザインを扱っただけでかなり複雑な場合にも対応したといった空気を感じます。分散分析を適切に行うにはさまざまな前提条件が必要です。1要因の被験者間デザイン（しかもバランスデザイン）は最も簡単な場合で，それほど多くの仮定を考慮する必要はありません。これが2要因の混合要因デザインとなると，主効果と交互作用の違い，アンバランスデザイン，等分散性の仮定，球面性の仮定などなどさまざまな懸案事項が倍増し，1つの研究ですべての問題について扱いきることができないほどです。一方でユーザーとしての心理学者は（ソフトウエアで指定できるので）遠慮なくたくさんの要因を投入した分析を行っていることは先に見た通りです。本来，実験デザインはシンプルであるほどよいと考えられていると思いますが，分野の発展や社会の要請に伴う研究の高度化・複雑化のためか，現代では多数の要因を扱う研究が多くなっているのではないでしょうか。実験参加者の貴重な労力を有効に生かすためにも，適切な範囲

で複数の要因を同時に扱うことは避けられないのかもしれません。以上のような形で，統計的手法に関する需要と供給がなかなか一致しないことが心理学者の実感や直感に合致するサンプルサイズ設計が難しいことの一因なのではないかと思います。

　検定力分析に基づくサンプルサイズ設計が認知心理学者の実感から逸れる理由として，もう1つ，繰り返し（replicate）に対する扱いの問題があるのではないかと考えています。ここでいう繰り返しとは，同じ実験参加者について同じ実験条件を2回以上測定することを指しています。反応時間を指標とする研究では，まったく同じ刺激と条件を複数回繰り返して測定することがあります。たとえば，緑色で書いた「赤」という単語をほかの単語と混ぜてランダムな順序で繰り返し提示するなどです。反応時間は個人内でもばらつきが大きい指標なので，繰り返し何度も測定してその平均値をとることによって，より安定したデータが得られると考えるためにこうしたデザインが用いられます。このようにまったく同じ刺激と条件を個人内で繰り返す場合とは別に，刺激を変えて同じ条件を複数回測定するというやり方もあります。再びストループ刺激の例を使うと，緑色の「赤」は単語名と色が一致しない「不一致条件」の刺激です。同様に，青色の「黄」や桃色の「白」も「不一致条件」の刺激です。これらの刺激は視覚的，意味的には同一の刺激ではありませんが，「不一致条件」に属するという意味では「同じ」刺激です。そこで，こうした場合も，概念的には同じ条件の繰り返しとして扱われることがあります。もちろん，両者を併用することも可能です。

　このような繰り返しを用いた実験データはどのように扱うものなのでしょうか。繰り返しのある実験データの分析については，ときどき卒論生などから質問が出ることがあります。それももっともなことで，たいていは繰り返しは要因計画には組み込まれておらず，また，誤答試行を除いて反応時間を分析するような場合には参加者によって反応数が違うことになり，教科書や授業から学んだことだけでは対応できない状況に陥ります。このようなとき，先輩や先生としては，これらは「同じ条件」なのだから平均すればよいと答えることが普通ではないかと思います。刺激が違っていても，試行数が違っていても，これらはすべて「同じ条件」に属する反応なのだから代表値として個人ごと，条件の組合せごとに平均してから分散分析をすればよいというわけです。

　このように繰り返しのデータを平均して分析するやり方の根拠は主に2つあると思います。1つには，それぞれの刺激に対する反応や個々の試行での反応にはノイズや外れ値の影響があることが考えられます。研究者が無作為に選んだ刺激

であっても（「とんかつ」），たまたま自分が経験したばかりであったり（昼食で食べた），個人的に特別な思い入れがあったりすると，そのような事情のない実験参加者とは違った反応が得られてしまうかもしれません。また，反応時間は多くの実験で使われる指標ですが，もともと個人内のばらつきが大きいので，同じ刺激に対しても反応のたびに少なからず変動します。これらのノイズや外れ値の影響を小さくするには，「同じ条件」を何度も繰り返してその平均値を分析に使えばよいだろうという発想です。もう1つは，もう少し理論的な考え方で，データの分布が関わってきます。分散分析などの伝統的な検定手法は，データが正規分布に従うことを前提とするものが少なくありません。しかし，実際のデータは必ずしも正規分布に従うとは限りません。これに対して，個々の試行での反応は正規分布に従っていなくても，中心極限定理に従えば，その平均値はある程度以上の試行数に基づくものであれば正規分布に近づくと考えられます。そうすると，たとえ個々の試行での反応時間の分布が指数分布に近いものであったとしても，その条件ごとの平均値は正規分布に従うのだから，平均値のほうを分散分析するのが適切であろうというものです。

　これらの考え方は一見正しそうに思えるのですが，そうとはいい切れないところがあります。まず，平均することによってノイズや外れ値の影響を少なくするという考え方は，必ずしも成立しないと思われます。単純にデータを平均するとばらつきの情報が失われます。統計学の授業の最初のほうで，分散や標準偏差について学ぶと思います。たとえば，テストの平均点が同じ2つのクラスAとBがあります。平均が同じなのだから2つのクラスは同じような成績だといってよいでしょうか。ここで分散を見てみましょう。クラスAは分散が小さくほとんどの生徒が平均に近い点数をとっているのに対して，クラスBは分散が大きく，点数のよい生徒もいればよくない生徒もいますね……といった具合です。統計学の初歩でばらつきを考慮することを学んだはずなのに，繰り返しのデータについてはそれを無視して分析するのは奇妙なことではないでしょうか。今の例でわかる通り，単純に平均した場合，ノイズや外れ値と見込まれたデータの影響はむしろわかりにくくなってしまい，真の平均の推定を歪めるはずです。もし本当にそれらがノイズや外れ値であると判定する根拠があるのであればそれらを除外して分析することも考えられます。しかし，特にそのような根拠がない場合，単純に平均することはデータのばらつき（逆にいえば，安定性）に関する情報を捨てて分析することになります。次に，中心極限定理に基づく議論ですが，これは研究の妥当性をどう考えるかに関わるものだと思います。たとえば，ストループ課題での

30試行の反応時間の平均値は正規分布するかもしれません。しかし，この平均値を代表値として検定を行った場合，この検定に基づく結論は「30試行の平均値」についての結論になるのではないでしょうか。検定の前提となる正規性の仮定を満たすのは個々の反応ではなく平均値であり，あくまでその平均値について検定を行うというのであれば，結論もまた平均値についてのそれになるはずです。ところが，研究者が本当に興味があるのは個々の反応とその背後にあるであろう，特定の条件下での反応を生み出す認知メカニズムであって，30試行とか60試行のブロックに区切られた推定量ではないのではないでしょうか。

以上のように，繰り返しは実験データの分析の実際において潜在的にさまざまな困難をもたらすにもかかわらず，「同じ条件」であれば平均してよいという信念によってその問題性が隠されてきたように思います。そして，検定においてそうであるように，検定力分析においてもほとんどの場合，繰り返しは考慮されることがありません。そのために，1人の実験参加者が1,000試行以上も反応するような実験でも，それぞれの実験参加者が1回だけしか回答しないような実験でも，効果量やほかの設定が同様であれば，同じサンプルサイズが要求されることになるのです。

## 4.3 一般的ANOVAデザインにおける検定力分析

このような状況に対して，Westfall（2016）は，あらゆる複雑なデザインの分散分析に対応した検定力分析の枠組みを提案し，それを実行するためのツールを開発しています。この分析枠組み兼ツールは，**PANGEA**（Power ANalysis for GEneral Anova designs）といいます。PANGEAは，2017年1月現在，12要因までの複雑な多要因デザインに対応しており，条件の繰り返しの問題を考慮しています。本節では，その枠組みを理解するために，まず基本的な概念と用語法を紹介します。

### 4.3.1 要因と水準

要因と水準は，通常の分散分析でもよく使う用語なので，すでに知っているという方も多いと思いますが，復習しておきましょう。**要因**（factor）とは，従属変数のばらつきを説明するカテゴリカル変数のことをいいます。一方，**水準**（level）のほうは，要因を構成するひとつひとつのカテゴリを指します。たとえば，スト

ループ課題の実験であれば、色と単語名の組合せ要因を設定し、この色と単語名の組合せ要因のなかに一致条件と不一致条件の2つの水準があるといった具合です。要因は自然に存在するものではなく、ある変数をコントロールしたり測定したりすることによって、研究者が設定するものです。たとえば、実験条件の刺激を提示するか、統制条件の刺激を提示するかは研究者がコントロールします。実験参加者をワーキングメモリの能力が高い群と低い群に分けて実験する場合であれば、ワーキングメモリの測定結果に基づいて要因を設定したことになります。ここで気をつけたほうがよいことは、PANGEAの枠組みでは、研究者にとって主要な関心のある変数（実験群や刺激条件の別など）だけでなく、従属変数のばらつきを説明しそうなほかのグループ変数（実験参加者や材料の違いなど）も要因に含めて考える必要があるということです。このことは、以下で説明する概念に関係してきます。

### 4.3.2 ネストとクロス

複数の要因間の関係を表す概念として、ネストとクロスというものがあります。これは、伝統的な分散分析の枠組みでいう、被験者間要因と被験者内要因の区別に似ています。被験者間・被験者内といった考え方をより一般化した概念と見ることもできるでしょう。ネスト（nest）の関係については、要因Aの各水準が要因Bのある1つの水準のみで観測される場合、AはBにネストするといった表現がなされます（第7章参照）。たとえば、図4.1のように、ある実験参加者は刺

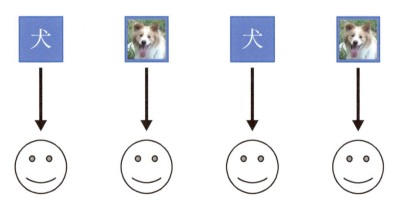

図4.1　刺激タイプ要因が実験参加者要因にネストしている例

激を単語で提示されるのに対して、ほかの実験参加者は画像で提示されるといった実験を組んだ場合について考えてみましょう。刺激タイプ要因に単語水準と画像水準がある実験です（伝統的には、1要因2水準の被験者間デザインです）。この場合、刺激タイプ要因に属する単語水準は一部の実験参加者にしか適用されません。また、画像水準についても同様です。そこで、刺激タイプ要因は実験参加者要因にネストしているといえます。

**クロス**（cross）の関係については、要因Aのすべての水準が要因Bのすべての水準で観測され、その逆も成り立つ場合、AはBにクロスするといいます。クロスの関係は2つの要因について相互に成り立つので、この場合、BはAにクロスするといってもよいことになります。図4.2のように、すべての実験参加者が刺激タイプ要因の2つの水準の両方を経験するデザインを考えてみましょう（伝統的には、1要因2水準の被験者内デザインです）。この場合、刺激タイプ要因は実験参加者要因とクロスしています（逆に実験参加者要因が刺激タイプ要因とクロスしているともいえます）。

以上は説明のための例なので、単純でわかりやすいものになっていました。しかし、実際の研究ではもっと複雑なデザインが使われることが多いと思います。用語の使い方に慣れるためにもう少し複雑なデザインの例を見てみましょう。実験で使う刺激材料がたくさんあって、1人の人にすべての材料を見せきれない場合（時間がかかりすぎる、負担が大きいなど）、実験参加者によって提示する材料を変えることがあります。図4.3のデザインでは、各参加者が単語条件と画像条件の両方を経験しますが、参加者ごとに違う材料を割り当てています。たとえ

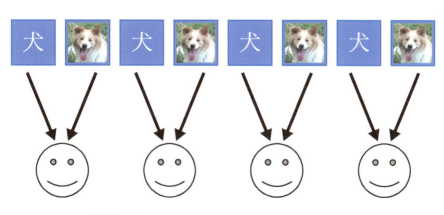

図4.2　刺激タイプ要因と実験参加者要因がクロスする例

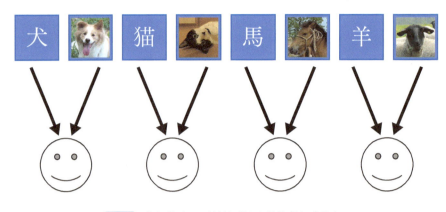

図4.3　参加者ごとに材料を変えた被験者内デザイン

ば，1番目の人には「犬」についての単語と画像を提示し，2番目の人には「猫」についての単語と画像を提示するなどとします。この場合，図4.2の例と同じように，単語を提示するか画像を提示するかという刺激タイプ要因は実験参加者要因とクロスしています。一方で，材料要因（何の動物の刺激を提示するか）は実験参加者によって違っているので，材料要因は実験参加者要因にネストします。

　図4.3の例よりも効率的で，より現実的なデザインとしては，カウンターバランスデザインがあるでしょう。先ほどの例では実験参加者の人数分だけ別の材料が必要でしたが，それほど多数の材料を用意できることは稀だと思います。それよりも，同じ人に同じ概念（「犬」）を単語と画像で繰り返し見せることの影響が気になるのではないでしょうか。このような場合，参加者を半数に分けて，A群の人には「犬」を単語で提示する代わりに「猫」は画像で提示し，B群の人には逆に「犬」は画像，「猫」は単語で提示するといった操作をします。このことによって，特定の材料を同じ参加者のなかで繰り返すことを防ぎつつ，同時に，実験全体としては，すべての材料をすべての条件で等しく提示できるようにします。これをカウンターバランスといいます。図4.4は，このようなカウンターバランスデザインでの条件の割り当てを示したものです。この場合，刺激タイプ要因が実験参加者要因とクロスすることはこれまでと同じです。すべての材料が単語でも画像でも提示されるので，刺激タイプ要因は材料要因ともクロスします。その代わり，実験参加者をA群とB群に分けて（グループ要因と呼ぶことにします），このいずれの群に属するかによって，経験する材料が違うというデザインにしたのでした。そこで，実験参加者はグループ要因にネストし，また，材料要因もグ

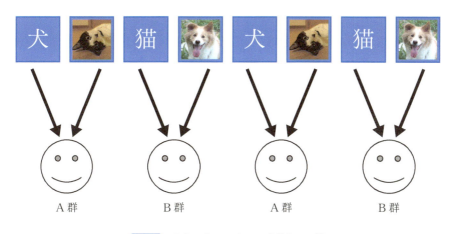

**図4.4** カウンターバランスデザインの例

ループ要因にネストします。カウンターバランスは認知心理学の多くの実験で使われています。ここでとりあげた実験は，伝統的な枠組みでは，1要因の被験者内デザインとして扱われると思います。しかし，実際にはこれだけ多数の要因と複雑な関係性を含んだデザインであることを感じていただけたのではないでしょうか。PANGEAの枠組みでは，これらのデザインの詳細を明示して検定力分析を行うことになります。

　要因がネストするかクロスするかは，実験デザインの組み方によって決まります。とはいえ，一般にネスト関係になりやすい要因，クロス関係にすることが多い要因もあります。たとえば，所属集団などはネスト要因になりやすいと思います。1人の学生は1つの学校のみに所属する（ことが多い）ので，学校要因は典型的には学生要因にネストします。一方，時系列は通常クロス要因として扱うことが多いでしょう。各実験参加者を同じ学習内容について3回ずつテストするとします。1，2，3回目は同じ参加者が回答するので，途中脱落がなければ，テスト回数要因は実験参加者要因とクロスします。

### 4.3.3 固定要因と変量要因

　実験デザインに含まれる要因は，分析上の観点から固定要因と変量要因に区別できます。固定要因（fixed factor）とは，理論的な水準母集団を網羅している要因であるといえます。たとえば，性別要因として男性水準と女性水準がある場合，

この要因は2つの水準によって一般的に可能な性別を網羅していると思われるので固定要因と考えられます。実験デザインとしては，実験操作要因として，実験操作ありの水準（実験条件）と実験操作なしの水準（統制条件）を設けることが一般的です。この場合も，操作があるかないかで可能性が網羅されているので固定要因です。ほかに，集団要因として，ある特性を測定した結果に基づいて実験参加者を特性高群と低群に分ける場合があります（ワーキングメモリ容量高・低群，外向性高・低群など）。この場合も，研究者の関心に基づいてある特性をもつ集団を層別化したカテゴリを網羅していると考えられるのであれば，固定要因であるといえます。

　一方，**変量要因**（random factor）とは，理論的な水準母集団からの抽出（sampling）から水準が構成されるような要因をいいます。たとえば，実験参加者要因は典型的には変量要因です。母集団を全人類としてとらえるにしても，年代や社会的カテゴリが似通った集団（20〜30代の成人，小学生，高齢者など）としてとらえるにしても，その成員のすべてを測定することは心理学の研究では稀です。実験に使用する材料要因もまた母集団から抽出した標本であることがあります。単語であれば，ある条件を満たした単語（熟知性が一定水準以上であるなど）をすべて使うというよりは，その一部を選ぶのが普通ではないでしょうか。画像となると，たとえば犬の画像といってもいろいろな種類の犬がいますし，1匹の犬の画像でもアングルや大きさなどさまざまなバリエーションが考えられます。これらは変量要因と考えたほうが妥当でしょう。ただし，実験刺激の材料でも，視覚探索における幾何学図形などを使う場合にはパターンを網羅できることもあります（赤・緑と円・正方形のすべての組合せなど）。また，集団要因であっても，A中学校，B中学校，C中学校の生徒を対象にしたというような場合は変量要因である見込みが高いと思います。これらの学校の別は研究者の関心に基づいて層別化したわけではないでしょうし，また，研究者の関心のあるカテゴリを網羅しているわけでもないと思われます。むしろ，中学校全体の集合から抽出した標本であると考えたほうが妥当でしょう。

　ある要因が固定要因であるか変量要因であるかを区別するのが難しいということはままあります（固定効果と変量効果は数理上は明確に区別されますが，どの要因を固定効果に割り当て，どの要因を変量効果に割り当てるのが妥当であるかを決めるのは難しいということです）。理論的な水準母集団を網羅しているかどうかという考え方は1つの目安なのですが，この「理論的な水準母集団」が何であるかはしばしば曖昧です（先ほどの例でもそう感じられたかもしれません）。そ

こで，Westfall, Judd, & Kenny（2015）は，固定要因と変量要因を区別するための経験則として，追試するときに変えてもよいと思えるかどうかで判断するという方法を提案しています。ここで「変えてもよい」と認める主体は，同じようなテーマについて研究している研究者集団です。ある効果や現象について追試するときに，関係する要因の構成を変えても同じ効果や現象の研究として認められそうだと思えるならそれは変量要因であり，そうでなければ固定要因であるというものです。以下の例について考えてみましょう。

① 反復の効果を調べる際にテストの回数を 1 〜 3 回から 1 〜 5 回に変えた
② 調査対象を○○県の中学 3 校から△△県の高校 4 校に変えた
③ プライミング刺激の提示からテストまでの間隔を直後から 1 日に変えた

①は，テスト効果（再学習をしなくてもテストを繰り返すと成績が上がっていく効果）の研究などでありそうな設定です。おそらく，3 回までを 5 回までに増やしても効果そのものは変わらないと思われるので，この回数の要因は変量効果でしょう。②はあえて複雑にしてあります。県を変えたとか，3 校を 4 校に変えたという部分については多くの人はどちらでもよいと考えると思います。しかし，中学校を高校に変えたという点については，大きな変更であり一般化はできないと感じられたかもしれません。調査内容について中学生と高校生とでは大きな違いがありそうだと考えられる場合には（たとえば，進学・就職に対する意識など），ここを変えると研究の性質が変わってしまうかもしれません。そうすると，この変更は追試というよりは新たなテーマの研究（少なくとも，中学校から高校への一般化を検討したもの）とみなされることになり，中学校か高校かを区別する要因は固定要因であることになります。一方，中学校でも高校でも本質的には違いがないと考えられるようなテーマを扱っているのであれば，中学校と高校を含めた要因は変量要因といってもよいでしょう。③についてはいかがでしょうか。直後も 1 日後も時系列的に刺激提示の後の時点であることは同じであって，時間軸上から抽出した標本といえなくもありません。しかし，直後と 1 日後とでは記憶の性質に本質的な違いがあり，同じものを調べた研究ではなさそうだと思うのであれば，やはりこの遅延間隔の要因は変量要因ではなく固定要因なのです。このように，固定要因か変量要因かの区別は，要因を構成する内容によって単純に決まるわけではなく，研究者（個人だけでなく研究者集団を含む）の判断によって決まってきます。

より複雑なデザインと数理的な取り扱いについては，Judd, Westfall, & Kenny（2017）が参考になります。

### 4.3.4 繰り返し

最後に，繰り返しについてとりあげます。PANGEAでいう繰り返しとは，すべての要因を組み合わせた際の各セルの観測数をいいます。ここでいう「すべての要因」は固定要因と変量要因の両方を含みます。したがって，緑色の「赤」でも黄色の「青」でも色と単語名が一致していないから「同じ」といった理屈はここでは通用しません。材料要因として緑色の「赤」と黄色の「青」が別の水準として区別されているのなら，これらは別のセルであり，繰り返しではありません。また，実験参加者要因もここでいう要因に含まれるので，同じ人にまったく同じ刺激を同じ条件で繰り返した場合にのみ，繰り返しとみなされます。緑色の「赤」と黄色の「青」を10回ずつ提示したのであれば，不一致条件としては合計20試行ですが，繰り返しは10回になります。

## 4.4 分析ツール PANGEA の使用法

基本的な概念を確認したので，検定力分析ツールとしての PANGEA の使用法を紹介しましょう。PANGEA はウェブブラウザ上で使えるウェブアプリケーションとして提供されています。ブラウザを開いて https://jakewestfall.shinyapps.io/pangea/ にアクセスすることで使用できます（図4.5）。現在のバージョン 0.2 では，使用中にたまに画面がグレーアウトして動作が停止することがあります。このような場合には，ブラウザの再読み込みボタンをクリックして最初からやり直してください。

PANGEA の使用法は，アクセス先のページにも英語で詳しく説明されています。本節でもこの流れに沿って解説します。PANGEAによる検定力分析は，大きく3つの段階からなります。Step 1 では，実験のデザインを指定します。図4.6 のように，Step 1 と書かれた下にあるボタンをクリックすると，リストが表示されて組み込みのデザインが選べるようになっています。

選べるデザインは以下の6つです（PANGEA で表示される英語名称をそのまま使っています）。

① 2-group between subjects (participants = replicates)
  - 別々の実験参加者からなる2群を比較するデザインです
  - 各参加者は1つのセルを1回ずつ経験します
② 2-group between subjects (participants = explicit factor)

4.4 分析ツール PANGEA の使用法

図4.5　PANGEA の基本画面

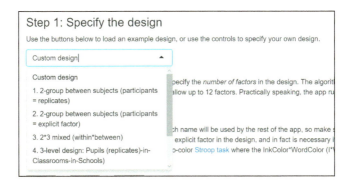

図4.6　PANGEA のデザイン選択リスト

- 別々の実験参加者からなる2群を比較するデザインです
- ①とは違って，各参加者は同じセルを複数回経験します

③ 2*3 mixed (within*between)
- 2 × 3 の混合要因デザインです
- 参加者要因にネストしている要因の繰り返し数を指定できます

④ 3-level design: Pupils (replicates)-in-Classrooms-in-Schools
- クラスと学校を変量要因として扱う3層デザインです（児童はクラスの繰り返し数として扱います）

- クラスは学校にネストし，Treatment にもネストしています
⑤ Participants crossed w/ random Stimuli-in-Treatments (Clark, 1973)
- 参加者と刺激を変量要因とするデザインです
- 刺激は Treatment にネストしています
⑥ Participants crossed w/ random Stimuli, counter-balanced (Kenny & Smith, 1980)
- 参加者と刺激を変量要因とするデザインですが，カウンターバランスをとる点が⑤との違いです
- 参加者が群にネストし，刺激がブロックにネストします

このなかから自分が分析したい実験デザインに近いものを選び，カスタマイズしながら使っていくことになります。

カスタマイズのためには，Step 1 のセクションにあるボタンやチェックボックス，ウィンドウへの入力を使います。各項目を PANGEA で表示される順に見ていきましょう。

### 4.4.1 要因の追加・削除

組み込みのデザインから要因を増やしたり減らしたりするには，図4.7 で示したボタンをクリックします。

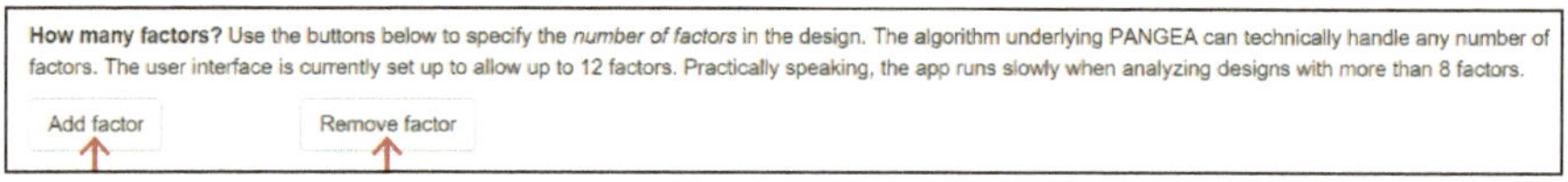

**図4.7** 要因の追加・削除ボタン

### 4.4.2 要因の名前をつける

要因を増やしたり減らしたりした場合には，デフォルトで適当な名前がつけられます。図4.8 のボックスにキーボードを使って入力することで名前を編集できます。PANGEA では，要因名をアルファベットの最初の1文字目で参照することが多いので，ほかの要因と1文字目が重ならないように名前をつけたほうがよ

いでしょう。

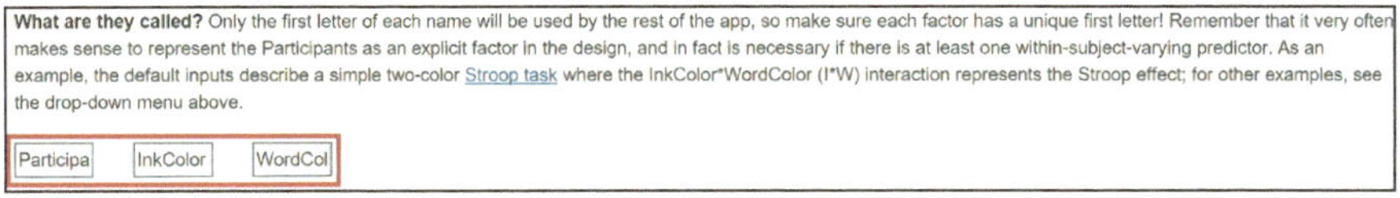

**図4.8** 要因名の編集ボックス

## 4.4.3 変量要因の指定

**図4.9** のチェックボックスをクリックしてチェックを入れるとその要因を変量要因に指定したことになります。ここでは，4.4.2項で指定した名前が最初の1文字目で表示されています。

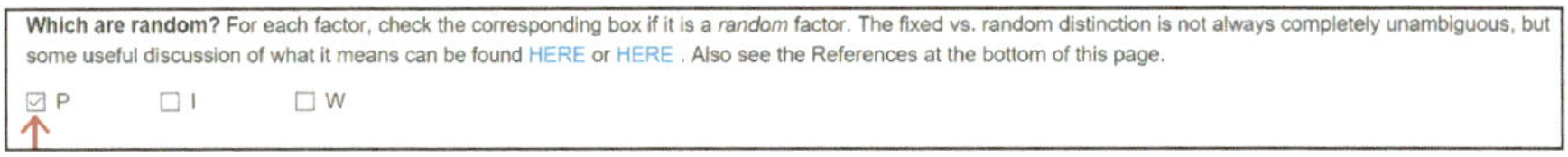

**図4.9** 変量要因を指定するチェックボックス

## 4.4.4 ネスト関係の指定

**図4.10** のボックスにキーボード入力することによって要因間のネスト関係を指定できます。ボックス外の要因にネストする要因の名前をボックス内に入力します。たとえば，School（S）要因と Pupil（P）要因が Treatment（T）要因にネストしているなら，T のボックス内に「SP」と入力します。

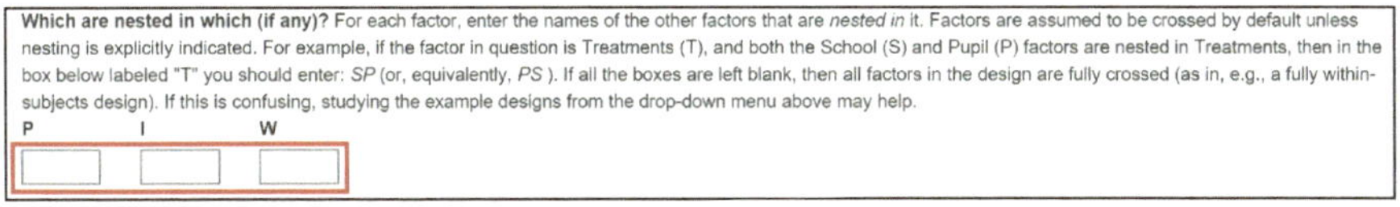

**図4.10** ネスト関係を指定するボックス

## 4.4.5 水準数の指定

図4.11のボックスに各要因の水準数をキーボードで入力します。

**図4.11** 各要因の水準数を指定するボックス

## 4.4.6 検定力を計算したい固定効果の選択

最後に，図4.12のリストをクリックして，検定力を計算したい固定効果を選びます。PANGEAは，今のところ，一度に1つの主効果または交互作用の検定力について評価する仕様になっています。

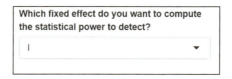

**図4.12** 検定力を計算したい固定効果を選ぶリスト

## 4.4.7 デザインの決定

以上のすべてを指定し終えたら「Submit Design」ボタンをクリックします。これでStep 1は終わりです。

## 4.4.8 実験パラメータの決定

次に，Step 2の実験パラメータの設定に進みましょう。Step 1で「Submit Design」ボタンをクリックすると，Step 2の領域が更新されて図4.13のように複数のボックスが現れます。指定したデザインによって，表示されるボックスの構

成が若干変わりますが，重要なポイントは同じです。ここでは，検定力分析のための効果量とサンプルサイズ，繰り返し数などを指定します。

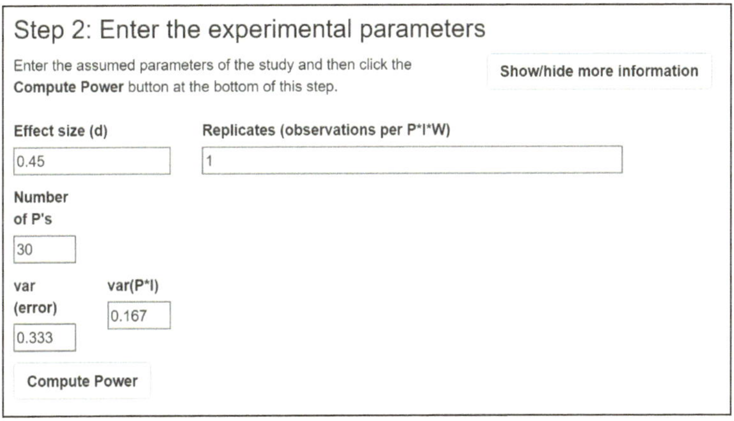

図4.13　実験パラメータの設定領域

とはいっても，基本的にはデフォルト値が最初から入力されています。

効果量については，社会心理学分野の大規模なメタ分析（Richard, Bond Jr., & Stockes-Zoota, 2003）の結果に基づいて，Cohen の $d$ = 0.45 の値が入っています（Cohen の $d$ については第 2 章参照）。PANGEA の製作者の Westfall によれば，ほかの心理学分野でも効果量の分布が大きく異なることはないだろうという見込みで，広く使える一般的な値としてそのまま使うことを勧めています。

サンプルサイズについては，とりあえず見込みの実験参加者数を入力しておく必要があります。適当なデフォルト値が入っていますが，こちらは自分の予定している人数をボックス（図4.13 では，「Number of P's」のボックス）に適宜入力してください。実験参加者要因のほかに，刺激要因も変量要因として指定している場合，刺激の数についても入力するボックスが生成されるので，同様に，想定している刺激数を入力してください。また，繰り返し数については，予定しているデザインに基づいて適切な値を「Replicates」のボックスに入力してください。すべての入力が終わったら「Compute Power」のボタンをクリックすれば，Step 2 は終わりです。

### 4.4.9 分析結果の検討

Step 2 まで終えてボタンをクリックすると，Step 3 のスペースに分析結果として非心パラメータ，自由度，検定力が出力されます。ここで，これまでに入力したデザイン，効果量，サンプルサイズの設定で達成できる検定力がわかるわけです。PANGEA の現在のバージョン（ver. 0.2）では，検定力のほうを指定してサンプルサイズを求めることはできないので，Step 3 で満足な結果が得られなかったなら Step 2 に戻って少しずつ参加者数を変えて「Compute Power」し，指定したサンプルサイズでどれだけの検定力が得られるのかを何度か調べる必要があります。Westfall（2016）によれば，将来的には，検定力を指定したらサンプルサイズが出てくる形にしたいとのことです。また，サンプルサイズの上限が決まっているときに（現実的にはありそうな状況です），指定した検定力のもとで得られるであろう最小効果量も算出できるようにする予定があるそうです。なお，Step 3 で出力される自由度は，Welch-Satterthwaite 方式になっているので，小数の値になることがあるかもしれません。

ここで，パラメータの設定に関わる説明をしておきます。Step 2 で指定できるパラメータには，効果量，サンプルサイズ，繰り返し数のほかに，分散分割係数（variance partitioning coefficient）があります。これは，デザインのなかに複数の変量要因が含まれる場合の，変量要因の分散の割合を表しています。たとえば，組み込みデザイン⑤のように，実験参加者と刺激の 2 つの変量要因があるデザインでは，参加者，刺激，参加者 × 刺激，加えて，参加者 × 処遇の分散比をどのように配分してモデルを推定するかを決める必要があります。この制約を置かないと指定したモデルを解くことができないからです。PANGEA では，より低次の要因ほどより多くの分散を割り当てるといったルールに従ってデフォルト値を決めています。原理的には，確かな根拠があればこの分散比を変更してもかまいませんが，一般のユーザーには難しいと思います。そこで，この分散比のパラメータは変更せずに使用することをお勧めします。

一方で，効果量の設定を変更することにはもっと積極的であってもよいかもしれません。いろいろと入力できる値やデザインを変更してみるとわかりますが，効果量の変更はわずかな値であっても検定力にかなりの影響を与えます。Westfall（2016）は恣意的な変更は勧めていませんが，十分に根拠がある場合にはむしろ効果量も適切に設定し直すほうが研究者の直感に合った結果が得られると思います。特に，認知心理学の実験研究では，長年の研究を通して何度も再現され，いわ

ば「出て当たり前」になっている効果や現象があります（ストループ効果など）。これらについては，0.45 よりももっと高い値を想定したほうがよいかもしれません。たとえば，視覚探索課題の反応時間は知覚的負荷の高い条件のほうが低い条件よりも長くなりますが，ある研究が報告したこの効果についての Cohen の $d$ は 4.75 〜 9.41 でした（Forster & Lavie, 2009）。このような効果について 0.45 を指定すると，実態とはかなり違ったサンプルサイズや検定力が出力されると思います。また，0.45 はかなり広い研究テーマを通して得られた値なので，より自分の研究に近い領域の効果量を調べるというやり方もあります。たとえば，記憶研究の領域では，さまざまな記憶研究を通して得られた Cohen の $d$ の累積頻度の中央値は 0.57 であるということが報告されています（Morris & Fritz, 2013）。メタ分析があればそれを利用し，そうしたものがなければ複数の先行研究を参照することで，およその効果量の範囲を導くことはできると思います。

PANGEA では効果量として $d$ を入力することになっているので，効果量は $d$ でなければならないのかという疑問があるかもしれません。この問題への解答にはいくつかのバリエーションがあります。論文で $\eta^2$ などのほかの効果量が報告されているというのであれば，$d$ に変換すれば済みます（実際，0.45 の値も Richard et al., 2003 が報告した $r$ を変換した値です）。しかし，先行研究では関心のある要因に 3 つ以上の水準があったので $d$ は使えないという話だとすると対応は難しくなります。この場合，$\eta^2$ などを $d$ に変換することはできますが，水準の内容と数が同じでない場合には単純に新たな研究にあてはめることはできません。PANGEA でも，現状では，3 水準以上の要因については対比を使って特定の 2 つの水準のみの比較をすることになります。また，研究上の関心としては，ある効果（ストループ効果など）に別の要因（二重課題など）を加えた場合に何が起こるかを知りたいといったことがあると思います。このような場合は，2 つの効果の交互作用（色と単語名の一致・不一致 × 単独課題・二重課題）を調べることになるので，先行研究の単独の要因での効果量（ストループ効果の効果量）をそのままあてはめて考えることはできません。これらの状況にどう対応するかについては，今後の検定力分析，サンプルサイズ設計の技術の発展を待つことになるでしょう。

## 4.5　今後の課題とまとめ

認知心理学における実験研究においてサンプルサイズ設計が活発に用いられていないこと，その一因として，計算されるサンプルサイズや検定力が研究者の実

感に即していないのではないかという話題をとりあげました。これを解消するためには，検定力分析に実際の実験デザインを反映させること，そのためには，実験デザインをこれまで以上に厳密かつ詳細に意識する必要があることを論じてきました。さらに，具体的な手段として PANGEA を使用するための実験デザインのとらえ方とツールとしての使用法について概説しました。ネスト構造，繰り返し数，カウンターバランスの構成などは，実験を実行する際には（意識しなかったとしても）何らかの形で必ず決めなければならない要件です。しかし，こうしたデザインに関わる要素は，だいたいにおいて，平均すれば分散分析に投入できるという形で扱われてきました。それが妥当でないことはこれまでに説明してきた通りです。変量要因という用語から気がついた方もいるかもしれませんが，こうした実験デザインの詳細を反映させた分析を行うには，混合モデル（一般線形混合モデル，マルチレベルモデル）を用いることになります。PANGEA を用いた検定力分析は混合モデルを使った分散分析を想定しているので，分析の際も混合モデルを使ったほうがアプローチの一貫性が高くなるでしょう。

　サンプルサイズは想定する効果量と検定力と有意水準で決まるという説明がなされることが多いのですが，本章で見たように，実際にはほかのさまざまな要因を含めて設計することになります。カウンターバランスを成立させるには，効果量や検定力にかかわらず，組合せの倍数の人数が必要になります。また，いくら検定力分析に基づくサンプルサイズ設計によって，ごく少数（3人など）で十分な検定力が得られるという結果が得られたとしても，実際にはもう少し多くの実験参加者がいないと妥当な研究とはみなされないのではないでしょうか。たまたまその実験に向かない人が3人中の1人に含まれていたとすると，結果はその人のデータに大きく左右されることになります。このあたりは，分野ごとの経験則に基づくことになると思います。検定力分析の結果だけをとりあげるのではなく，さまざまな現実的な要因を考慮してサンプルサイズを決めることで，より妥当な研究計画が成立するのではないでしょうか。これらの考慮について，論文の方法の一部として明確に記述すること，また，研究者コミュニティがそれを受け入れ，経験知を共有していくことが重要であると思います（第6章参照）。

　最後に，検定力分析の参照点となる事前の効果量をどう決めたらよいかという問題をとりあげましょう。冒頭の「どんな実験でもいつでも同じサンプルサイズになる」という議論に対応する話です。こうした文脈では，よく「新しい研究をしているのだから効果量なんてわからない」といった声をききます。しかし，こうした意見は，勉強不足かつ／または視野が狭すぎることに基づくものであると

思います。一般に，現代の実験心理学の研究で先行研究を何も引用しない論文というものは考えにくいと思います。もし本当に参考になる先行研究がないのだとしたら，そこで引用されている論文は何なのでしょうか。少なくとも，認知心理学においては，大部分の研究は反応時間や再生率といった一般的な指標を使っています。まったく同じ効果や現象を扱っていないとしても，似たような効果について似たような指標で測定した研究はあるはずです。たとえば，適応記憶（単語リストを提示されたときに，各単語が自分の生き残りに必要そうかどうかを評定すると，ほかの文脈と関連づけたときよりも，偶発記憶の成績が高くなる現象）の研究では，適応記憶の効果は自己関連づけ効果（自分自身と関連づけた単語はそうでない単語よりも記憶成績が高くなる）よりも記憶増進の効果が高いという議論が行われることがあります（e.g., Nairne, Thompson, & Pandeirada, 2007）。そうすると，適応記憶の効果量は少なくとも自己関連づけ効果の効果量を上回ることが予想されます。このことはサンプルサイズ設計のための事前の効果量の設定にも生かせるでしょう。同様に，反応時間を指標とした干渉効果の研究であれば，一般的に干渉効果として思い浮かべられるもの（サイモン効果など）や自身の研究により近いと思われる効果を手がかりに効果量を設定することができるのではないかと思います。関連現象をまったく見出せないとしたら，それは研究しようとしている効果や現象を既存の研究の文脈に適切に位置づけられていないからなのではないでしょうか。つまり，その研究にどんな意義があるのかを説明できていないことになるのではないでしょうか。Cohen の $d$ や $\eta^2$ などのよく用いられる効果量は標準化効果量なので，測定の単位に依存しません。そこで，指標が違っていても，概念的に近いものであるとか，同じようなメカニズムによって起こると考えられる現象や効果にはある程度一般化して考えることが可能でしょう（Richard et al., 2003 のメタ分析もさまざまな研究を総合したものでした）。究極的には，研究者自身が広い視野をもち，関連現象や似たような指標を使った研究に目を向ける必要があると思います。

写真協力（図 4.1 〜図 4.4）：三沢和彦（三沢ウォルフィ）・渡邉拓・独立行政法人家畜改良センター十勝牧場

# 第5章 臨床心理学研究におけるサンプルサイズ設計

■国里愛彦

## 5.1 臨床心理学研究におけるサンプルサイズ設計の実態

　臨床心理学の研究は，心理的問題の理解に関する研究と心理的問題の解決に関する研究に分けることができます。心理的問題の理解に関する研究においては，心理的問題の発生メカニズムや維持メカニズムさらにはアセスメント方法についての研究が行われます。心理的問題の理解に関する研究は，主に観察研究になります。一方，心理的問題の解決に関する研究においては，心理的問題を解決するための介入法の開発と有効性の評価が行われます。心理的問題の解決に関する研究は，主に介入研究になります。サンプルサイズ設計の観点から見たとき，どちらの研究であっても，サンプルサイズが小さくて検定力が小さな研究を実施することは，研究から得られた結論の確信度を低めてしまいます。しかし，サンプルサイズの大きな研究をすればよいかというとそうでもなく，臨床心理学の研究では，患者を含む心理的問題を抱えている方を対象にしていることから，むやみに多くのデータをとることは，倫理的な問題をはらむ可能性があります。そのため，サンプルサイズ設計は，臨床心理学の研究計画の立案において非常に重要になってきます。

　日本国内の臨床心理学研究におけるサンプルサイズ設計の実態を調べたものとしては，奥村・伊藤（2010）とOkumura & Sakamoto（2011）の調査があります。奥村・伊藤（2010）は，2007年1月から2008年12月に老年精神医学雑誌に掲載された論文38編を調査し，統計的検定を用いる際に事前に検定力分析（第2章参照）を行っている論文が1編もないことを示しました。これは，老年精神医学雑誌に限定された問題ではなく，その他の日本の臨床心理学・精神医学研究を掲載する雑誌においても認められるかと思います。Okumura & Sakamoto（2011）は，日本の精神医学，心理学，臨床心理学領域の雑誌18誌において，1990年1月から2006年12月までの間に掲載された974の抑うつ研究を対象に調査を行いました。この調査では，患者などの臨床群を対象とした研究の44％は，検定力が5

割を下回っていることを示しました。検定力とは，統計的仮説検定において，帰無仮説が誤っているときに，その帰無仮説を棄却できる確率です。その確率が5割を下回るということは，帰無仮説が誤っている（本来主張したい対立仮説が正しい）場合に，コイントス程度の確率でしか帰無仮説を棄却できないということになります。これは，大変ショッキングな結果です。

　日本国内の学会が発行している雑誌が事前の検定力分析によるサンプルサイズ設計を投稿者に求めているのか調べるため，筆者は，日本心理学諸学会連合に加盟している 51 の心理学関連学会が刊行している学会誌の投稿規定を確認しました（2015 年 9 月，http://jupa.jp/category2/jimukyoku.html）。その結果，投稿規定が公開されていない学会誌を除いて，すべての学会の投稿規定や執筆の手引きにおいて，サンプルサイズ設計について触れられていませんでした。このように，日本の臨床心理学や精神医学領域において，事前のサンプルサイズ設計の実施は不十分な状態です。

　一方で，国際誌では，投稿規定において事前のサンプルサイズ設計を求めるものもあります。たとえば，無作為化比較試験（治療の効果を評価するために，参加者を無作為に介入群と対照群に割りつけて比較する研究方法）が多数掲載され，臨床心理学の雑誌のなかでもインパクトの高い *Journal of Consulting and Clinical Psychology* においては，無作為化比較試験は米国心理学会の *Reporting Standards for Research in Psychology*（APA Publications and Communications Board Working Group on Journal Article Reporting Standards, 2008）に従うことが求められています。その *Reporting Standards for Research in Psychology* においては，事前のサンプルサイズ設計の有無と，どのようにサンプルサイズを決定したのかを報告することが求められています。また，無作為化比較試験における報告ガイドラインの Consolidated Standards of Reporting Trials（CONSORT）声明の非薬物療法版においても，どのようにサンプルサイズ設計を行ったか報告することが求められています（Boutron, Moher, Altman, Schulz, & Ravand, 2008）。このように，国際誌においては，事前のサンプルサイズ設計は必須になりつつあります。

## 5.2　臨床心理学研究のサンプルサイズ設計における補足事項

　CONSORT 声明において，無作為化比較試験実施前にサンプルサイズ設計が求められるようになったことから，無作為化比較試験を用いた臨床心理学・精神医

学研究においてサンプルサイズ設計が行われるようになってきています。以下では，Trials 誌（http://www.trialsjournal.com/）で報告された無作為化比較試験のプロトコル論文（研究計画書を記載した論文）を紹介します。Trials 誌は，健康関連領域における無作為化比較試験に関する知見を掲載する雑誌になります。無作為化比較試験の方法論に関する論文や研究のプロトコル論文が掲載されています。プロトコル論文では，サンプルサイズ設計が丁寧に記載されているので，プロトコル論文からサンプルサイズ設計の具体的な方法を学ぶことができます。なお，Trials 誌はオープンアクセス雑誌（インターネット上で誰でも無料で論文が閲覧できる雑誌）ですので，読者は以下で紹介する論文を実際に確認することができます。

　個々の研究について紹介する前に，無作為化比較試験とその際のサンプルサイズ設計での注意事項について説明します。まず，無作為化比較試験は，どのような群間差を検証したいのかによって，優越性試験，非劣性試験，同等性試験の3つに大きく分けることができます（図5.1）。以下では，Katz（2010 木原雅子・木原正博訳 2013）をもとに，3つの試験について説明します。優越性試験（superiority trial）は，どちらの介入のほうが優れているかを検証するために実施される試験になります。無作為化比較試験の多くは優越性試験になります。図5.1 の縦の点線は，介入群と統制群の差が0の点を示しています。青丸の95％信頼区間（├─●─┤，横に伸びたバー）が点線をまたぐ場合には，5％の有意水準において統計学的に有意とはなりません。一方で，95％信頼区間が点線をまたがない場合は，5％の有意水準において統計学的に有意となります。非劣性試験（non-inferiority trial）は，ある介入が他の介入よりも，明らかに劣ることがないことを示すために実施される試験になります。たとえば，低コストや低副作用の新しい治療法を開発したとき，コストや副作用は低くなったのにもかかわらず，これまでの治療法と比べて効果が劣らないことを示したい場合などに非劣性試験が用いられます。非劣性試験を行う場合，どのくらい群間に差があれば，新しい介入がこれまでの介入よりも明らかに劣ると結論できるのかを事前に設定しておく必要があります。このような事前に設定する差のことを非劣性マージンと呼びます。図5.1 中段の薄緑色の部分（　の部分）が非劣性マージンを表しています。非劣性試験では，新規の治療がこれまでの治療と比べて劣らないことを，統計学的に有意な差がない（図における信頼区間が0をまたぐ）こと，信頼区間が事前に設定した非劣性マージン内に収まることから検討します。図5.1 の非劣性試験の下から2つ目の結果は，信頼区間が0をまたいでおり，統計学的に有意ではなく非劣性であるといえます。

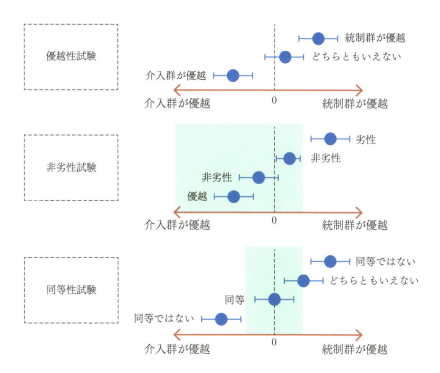

**図5.1** 優越性試験，非劣性試験，同等性試験（奥村，2014，p.157，Fig.1 を一部改変）

また，上から2つ目の結果は，信頼区間は0をまたいでおらず，統計学的に有意になりますが（介入群より統制群のほうが優越），信頼区間は非劣性マージンをまたいでいないので，非劣性と判断します。同等性試験（equivalence trial）は，複数の介入の間に効果の違いがないことを示すために実施される試験です。非劣性試験の場合は，新しい治療が劣っていないことを示すことが目的でしたが，同等性試験の場合は，劣っていると判断する基準も優れていると判断する基準も超えないことを検証します。つまり，非劣性試験における劣性側のマージンだけでなく，優越側のマージンも設定します。図5.1 下段の薄緑色の部分（■の部分）」が同等性マージンを表しています。非劣性とは異なり，優越側にもマージンが設定されています。この同等性マージン内に収まる場合に，同等性が示されます。3つの試験において，最も多いのが優越性試験になり，その次に非劣性試験，最も少ないのが同等性試験になります。

検定力分析において，必要なサンプルサイズは，効果量，検定力，有意水準の

3つを設定することで計算できます（第 2 章参照）。検定力と有意水準は，慣例に従い，検定力を 0.8，有意水準を 0.05 に設定することが多いです。もちろん，研究によっては，検定力を 0.9 に設定したり，有意水準を 0.01 に設定したりすることもあります。一方で，効果量については，研究の対象やアウトカム（効果指標）に応じて，目標となる群間差を設定していく必要があります。たとえば，新しい治療 A のほうが通常の治療 B よりも優れていることを検討する優越性試験の場合，サンプルサイズ設計において，検定力や有意水準は慣例に従って設定できます。しかし，新しい治療 A のほうが通常の治療 B よりもどのくらい優れているとよいのかは，その研究対象者であったり，アウトカムによって変わってきます。対象とする疾患によっては，大きな差がないと意味がない場合もあれば，小さな差でも意味がある場合もあります。アウトカムに非常に敏感な測度を用いている場合は，小さな差にも意味がある可能性があります。

　介入研究における効果量の設定は，単純化すれば目標となる群間差を設定することになります。その目標となる群間差を設定する方法に関して，Hislop et al. (2014) が，過去の無作為化比較試験で行われたサンプルサイズ設計を系統的に展望しています。以下では，Hislop et al. (2014) の研究から得られた目標となる群間差の決定方法について説明します。まず，目標となる群間差としては，

　① 治療者や患者が実際に差を感じるような意味づけのなされた差を採用する「重要な差（important difference）」

　② 過去の研究における群間差を参考にする「現実的な差（realistic difference）」

の 2 つに分けることができます。重要な差の決定方法としては，アンカーに基づく方法，分布に基づく方法，医療経済学に基づく方法，**標準化効果量**に基づく方法の 4 つがあります。そして，現実的な差の決定方法としては，パイロット研究に基づく方法があります。重要な差と現実的な差の両方を含む決定方法としては，意見聴取に基づく方法とエビデンスの展望に基づく方法があります。それぞれの方法は 表5.1 にまとめています。

　表5.1 に示すように，サンプルサイズ設計での目標となる群間差の決定方法には複数の方法があります。複数の方法がありますので，サンプルサイズ設計が再現可能なように，用いたアプローチや数値，そしてその数値の合理的な根拠について論文や研究のプロトコルにおいて報告する必要があります。Cook et al. (2015) は，Hislop et al. (2014) が行った目標となる群間差の系統的展望をもとに，専門家間の議論を重ねて，優越性試験における目標となる群間差を報告する際に報告すべき項目のリストを作成しています（ 表5.2 ）。論文においては紙面の問題もあ

**表5.1** 目標となる群間差の決定方法 (Hislop et al., 2014, p.4, Box 1 を一部改変)

| 方法名 | 内容 | 種類 |
|---|---|---|
| アンカー | 最小限の臨床的に重要な変化を評価するために，外的なアンカーを用いる方法。外的なアンカーには，治療による改善度に関する Global Rating Scale などが使われる。 | 重要な差 |
| 分布 | 統計的な分布に基づいて検出可能な重要な差を示す方法。分布に基づく方法の1つとして，測定誤差を用いる方法があり，測定誤差を超える差を重要な差とする。 | 重要な差 |
| 医療経済学 | 経済的な評価を用いる方法。治療にかかるコストとアウトカムの両方を考慮したうえで，意思決定をする人が，治療にかかるコストを支払おうと思うものである場合に，重要な差とする。 | 重要な差 |
| 標準化効果量 | 差に関する標準化効果量を用いる方法。Cohen のカットオフが用いられることが多い。たとえば，平均値差に関して，Cohen の $d$ の基準を用いて (0.2 は「小」効果量，0.5 は「中」効果量，0.8 は「大」効果量)，重要な差を決定する。 | 重要な差 |
| パイロット研究 | エビデンスがない場合に，パイロット研究を行って現実的な差を検討する方法。 | 現実的な差 |
| 意見聴取 | 健康に関する専門家や患者などから得られた意見に基づいて，重要な差もしくは現実的な差を決定する方法。 | 重要な差・現実的な差 |
| エビデンスの展望 | 現在得られるエビデンスの展望に基づいて，重要な差もしくは現実的な差を決定する方法。 | 重要な差・現実的な差 |

るため，Cook et al.（2015）のリストでは，論文よりも研究プロトコルにおいて詳細を記載するようになっています。現在，CONSORT 声明をはじめ多くのガイドラインにおいて，事前のサンプルサイズ設計が求められていますが，その具体的な報告事項については明確ではありませんでした。今後は，Cook et al.（2015）の作成した報告事項リストを参考に研究プロトコルや論文を執筆することが望ましいと思われます。

次節以降では，うつ病を対象とした心理療法の効果を調べる無作為化比較試験のサンプルサイズ設計について，Trials 誌から3論文を紹介します。

**表5.2** 優越性試験のプロトコルや論文で報告する項目（Cookら，2015, p.5, Table 2を一部改変）

| No | 内容 | プロトコル | 論文 |
|---|---|:---:|:---:|
| 1 | 伝統的な方法とは異なる方法（たとえば，ベイズ統計学など）を使う場合は記載する。 | ○ | ○ |
| 2 | プライマリーアウトカムについて記載し（サンプルサイズ設計に用いるアウトカムはすべて記載），なぜ1つではないかも記載する。 | ○ | ○ |
| 3 | 2値・連続・生存時間アウトカムに関して，標準的な数式が使われていない場合，使っている数式やシミュレーションを引用する。主な解析については，統計解析の節に記載する。 | ○ | |
| 4 | 統計的なパラメータ（有意水準や検定力）の値について記載する。 | ○ | ○ |
| 5 | 目標とする差を決定した基準を記載する：<br>a. ステークホルダー（利害関係者）によって決められた重要な差<br>b. 現在得られる知識に基づいた現実的な差<br>c. 重要な差と現実的な差の両方 | ○ | |
| 6 | アウトカムの種類に応じて目標とする差を表現する：<br>a. 2値変数：介入群と統制群の比率に加えて，絶対もしくは相対効果として目標とする差を記載する。もし絶対と相対の両方がある場合は，どちらを主にしてサンプルサイズ設計をするのか明確にする。<br>b. 連続変数：（変換前の元々の尺度得点における）目標とする平均値差，群間で共通する標準偏差と効果量（平均値差／標準偏差）を記載する。サンプルサイズ設計において求められないとしても，予想される統制群の平均値も記載するのが好ましい。<br>c. 生存時間：介入群と統制群の生存時間分布に加えて，絶対もしくは相対的な目標とする差と統制群のイベント比率を記載する。加えて，想定される実際のパターンとともに計画しているフォローアップについて記載する。もし絶対と相対の両方がある場合は，どちらを主にしてサンプルサイズ設計をするのか明確にする。 | ○ | ○ |
| 7 | 目標とする差の選択を説明する：用いた方法や関連する先行研究を特定したり，引用する。 | ○ | |
| 8 | 上記の仮定に基づいたサンプルサイズについて記載する（生存時間の場合は，必要なイベント数も記載する）。もし必要なサンプルサイズを変えるような要因（フォローアップでの欠測による割引）を組み込むなら，最終的なサンプルサイズに加えて，それらを明確にする。 | ○ | ○ |
| 9 | プロトコルを引用する。 | | ○ |

## 5.3 研究紹介

### 5.3.1 優越性試験のサンプルサイズ設計

#### A　うつ病に対する反すう焦点化認知行動療法と認知行動療法の比較

　この論文は，Trials 誌に掲載されたデンマークの Hvenegaard et al.（2015）の無作為化比較試験（優越性試験）のプロトコル論文です。うつ病に対しては，認知行動療法の有効性が複数のメタ分析から示されてきていますが，その後のうつ病の再発や一部の症状が残ってしまう残遺症状などの問題が指摘されています。残遺症状のなかでも，ネガティブな感情や症状，その原因について繰り返し考え込んでしまう反すうが注目されています。そこで，反すう焦点化認知行動療法（Watkins et al., 2011）などの，反すうをターゲットとした心理療法も提案されています。反すう焦点化認知行動療法では，反すうは負の強化で維持されている習慣的な行動ととらえます。つまり，反すうには，考え込むことで，直面するのが難しい現実や好ましくない結果を避けることができるという機能があり，そのような回避によって反すうが維持されていると考えます。反すう焦点化認知行動療法では，反すうの機能について検討したうえで，答えの出ないことについて，くよくよ悩むのではなく現実的かつ特定の出来事について問題解決的に考えることや反すうによって減少している行動を増やしていきます。

　これまで，反すう焦点化認知行動療法の効果を調べる無作為化比較試験が行われ，通常治療に比べて，通常治療に反すう焦点化認知行動療法を追加したほうが，うつ病の寛解率が高くなる結果が得られています（Watkins et al., 2011）。しかし，これまで，反すう焦点化認知行動療法と通常の認知行動療法を直接比較した研究はないため，Hvenegaard et al.（2015）は，反すう焦点化認知行動療法と通常の認知行動療法を直接比較する無作為化比較試験（優越性試験）を計画しました。なお，Hvenegaard et al.（2015）の研究では，個別形式の認知行動療法ではなく，集団形式の認知行動療法と集団形式の反すう焦点化認知行動療法について比較しています。主要な仮説は，「集団形式で行われる反すう焦点化認知行動療法は，集団形式で行われる通常の認知行動療法よりも治療後のハミルトンうつ病評価尺度の得点が低い」になります。

　Hvenegaard et al.（2015）の研究では，大うつ病性障害（現在のエピソードがある，もしくは反復性のエピソードをもつ）の診断を満たす 18 歳から 65 歳の者で，17 項目版ハミルトンうつ病評価尺度で 13 点以上の者を対象としています。適

格基準に合致した患者は，反すう焦点化認知行動療法か通常の認知行動療法に，コンピュータで生成した乱数に基づいて無作為に割りつけられます。なお，集団療法なので，6～10人ごとに割りつけを行う**クラスター無作為化試験**（第7章参照）になります。どちらの心理療法も1時間の個人セッションを1回実施した後に，3時間（15分休憩を2回）の集団セッションを11回実施します。仮説にもあるように，この研究の主要アウトカムはハミルトンうつ病評価尺度になります。

## B サンプルサイズの決定方法

上記のような研究目的を達成するために，Hvenegaard et al.（2015）は，サンプルサイズ設計について，1節割いて記載しています（「Statistical considerations」内の「Sample size estimation」に記載）。Hvenegaard et al.（2015）によると，効果量は以下のように見積もられました。

「介入前から介入後にかけてのハミルトンうつ病評価尺度得点の変化の平均値は，Watkins et al.（2011）の反すう焦点化認知行動療法において7.81点であり，Paykel et al.（1999）の認知行動療法において3.52点であった。ハミルトンうつ病評価尺度の変化得点の標準偏差としては，保守的な推定値として6.0を用いた。これらをふまえて，群間の効果量のCohenの$d$は，0.7と見積もった。」

**Cohenの$d$**は，平均値差をプールした標準偏差で割ったものなので，反すう焦点化認知行動療法における得点変化の7.81から認知行動療法における得点変化の3.52を引いて，標準偏差の6.0で割ると算出できます。その結果は，0.715となります。この計算からCohenの$d$を0.7と見積もっています。この見積もりは，エビデンスの展望に基づいており，目標となる群間差は，現実的な差に基づいて決定されていると考えられます。

次に，Hvenegaard et al.（2015）は，この効果量を用いて，以下の**検定力分析**を行っています。

「両側検定の有意水準5％で，90％の検定力をもって，両介入間の効果量の差（Cohenの$d$で0.7）を検出するには，それぞれの介入に44人の患者が必要であった。」

上記のサンプルサイズ設計には，Rの**pwrパッケージ**の`pwr.t.test()`（第2

章参照）を用います。`pwr.t.test()` は，以下のような関数になります。

```
pwr.t.test(n = NULL, d = NULL, sig.level = 0.05, power = NULL,
type = c("two.sample", "one.sample", "paired"),alternative =
c("two.sided", "less", "greater"))
```

必要なサンプルサイズを求める場合，`n` は `NULL` とし，`d` に効果量，`sig.level` に有意水準，`power` に検定力，`type` では 1 群の $t$ 検定か独立な 2 群の $t$ 検定か対応のある $t$ 検定か，alternative では両側検定か片側検定かを設定します（第 2 章参照）。

実際に，`pwr.t.test()` を用いて，独立な 2 群の $t$ 検定，有意水準 5％，検定力 90％，効果量 0.7，両側検定という設定で必要なサンプルサイズを計算すると，以下のように 43.87043 となります。これを切り上げすると，Hvenegaard et al.（2015）と同じように，44 人が必要になります。

```
# pwr パッケージのインストール
install.packages("pwr", dependencies = TRUE)
# pwr パッケージの読み込み
library(pwr)
# 検定力分析
pwr.t.test(n = NULL, d = 0.7, sig.level = 0.05, power = 0.9,
type = c("two.sample"),alternative = c("two.sided"))
```

```
Two-sample t.test power calculation
n = 43.87043
d = 0.7
sig.level = 0.05
power = 0.9
alternative = two.sided
NOTE: n is number in *each* group
```

さらに無作為化比較試験などの場合，研究の途中での脱落や研究からの逸脱も

考えられることから，それらを考慮したサンプルサイズを設定することがあります。Hvenegaard et al.（2015）も以下のようにしています。

「20％の脱落を想定して，それぞれの介入について55人の患者をリクルートした。」

この場合，人数 $N$ から20％が脱落をした（80％が残った）結果，先ほど求めた44人になればよいと考えます。そこで，$N \times 0.8 = 44$ の式を解くと，$N = 55$ となります。

さらに，この研究は集団療法なのでグループごとに無作為割りつけと介入を行うクラスター無作為化試験になります。この場合，グループとしての集団的な作用が働くことから，調整を行う必要があります（デザイン効果の調整）。具体的には，求めたサンプルサイズに $1 + (m - 1) \times$ ICC を掛けます（丹後，2006）。ここで，$m$ はグループを構成する人数，ICC は**級内相関係数**（第7章参照）になります。正確な級内相関係数は不明なこともあるため，0.05 を仮定することがあります。Hvenegaard et al.（2015）も以下のようにデザイン効果の調整をしています。

「両介入において，グループの平均的な人数を8人，級内相関係数は $\rho = 0.05$ とすると，デザイン効果の $1 + (m - 1)\rho$ は1.35となる。よって，私たちは，それぞれの介入群において8つのグループをリクルートするプランをたてた（合計128人の患者になる）。」

グループの人数を8人，級内相関係数を0.05としているので，デザイン効果は，1.35となります。そして，先ほど算出した44人に1.35を掛けると，59.4になります。59.4人を満たすようにグループを組むと8グループになります（1グループ8人 × 8グループ = 64人）。この64人は，20％の脱落を考慮したときの55人を上回るので，各群64人，合計128人を集める計画となります。

## C　まとめ

Hvenegaard et al.（2015）のプロトコル論文は，反すう焦点化認知行動療法が通常の認知行動療法よりも，うつ症状の低減に有効であることを検証する優越性試験に関するものでした。ここでは，過去の研究に基づいて，目標とする群間差に

ついて，現実的な差を求めることで，効果量を推定していました。それに基づいて，検定力分析に基づくサンプルサイズ設計とともに，脱落率やクラスター無作為化試験のためのデザイン効果の調整も行っています。このように，優越性試験のサンプルサイズ設計においては，合理的な根拠も示しつつ，サンプルサイズを決定していきます。また，サンプルサイズ設計は，検定力分析だけでなく，脱落や試験のデザイン（今回はクラスター無作為化試験）に応じて，適宜調整が必要になります。この優越性試験については，ClinicalTrials.gov（https://clinicaltrials.gov/ct2/home）に登録されています（登録番号は，NCT02278224）。登録内容によると，本試験は131人の参加者を集めて，2016年2月に終了していますが，論文としてはまだ発表されていません（2017年1月現在）。

### 5.3.2 非劣性試験のサンプルサイズ設計

#### A うつ病に対する行動活性化と認知行動療法の効果とコストの比較

　この論文は，Trials 誌に掲載されたイギリスの Rhodes et al.（2014）の無作為化比較試験（非劣性試験）のプロトコル論文です。うつ病に対しては，認知行動療法の有効性が複数のメタ分析から示されてきています。しかし，認知行動療法は専門性の高い心理療法のため，実施するセラピストが未熟な場合は十分な効果が得られないこと，セラピストの訓練にかかるコストが高いことなどが指摘されています。より多くのうつ病患者に心理療法を受けてもらえるようにするには，セラピストが実施方法を学ぶコストが低い心理療法を広めていく必要があります。そのような心理療法として，この研究では，行動活性化に焦点を絞っています。

　行動活性化は，行動の変化に焦点を絞ることで抑うつ症状の改善を行う行動理論に基づく心理療法になります（Martell, Addis, & Jacobson, 2001）。うつ病になると，これまで行っていた行動についても回避するようになり，結果として，正の強化を受ける機会を失っていきます。そのように負の強化が多くなり，正の強化が少なくなるという悪循環によってうつ病が維持していると行動理論では考えます。行動活性化は，ネガティブな感情があったとしても行動を増やすことで，系統的にこの悪循環を断ち切っていきます。行動活性化のような試みは，通常の認知行動療法にも含まれていますが，反すうや回避の機能などの行動の機能に焦点を絞って介入をする点が異なります。行動活性化の原理は，非常にシンプルなので，認知行動療法を専門としない精神医療従事者にも理解しやすく，実施することができます。このように，行動活性化は，通常の認知行動療法と比べて，訓

練コストの低い心理療法になります。

　行動活性化の有効性について調べた無作為化比較試験のメタ分析から，うつ病に対する行動活性化は認知行動療法と同等の効果があることが示されました（Ekers, Richards, & Gillbody, 2008）。しかし，これまで行われた無作為化比較試験は，患者の適格基準が不明確であったり，現在主流の行動活性化とは異なる方法が用いられていたり，臨床試験の方法の質が低いなどの指摘もされています。そこで，Rhodes et al.（2014）は，介入1年後と1年半後において，成人うつ病に対する行動活性化が認知行動療法と比べて遜色ない効果を示すのかを検討する無作為化比較試験を計画しました。つまり，行動活性化が認知行動療法と比べて非劣性であることを示す無作為化比較試験を計画しました。

　Rhodes et al.（2014）の研究では，構造化診断面接によって大うつ病性障害と診断された18歳以上の者を対象としています。適格基準に合致した患者は，行動活性化か認知行動療法に，1対1の割合で，コンピュータを用いて無作為に割りつけられます。行動活性化も認知行動療法も1回1時間の対面式のセッションを，16週間で最大20セッション実施します（最初の8週には，オプションで4回分のブースターセッションがつきます）。この研究の主要アウトカムは1年後のPatient Health Questionnaire（PHQ-9）になります。PHQ-9は，9項目から構成される自己記入式の抑うつ尺度です。

## B　サンプルサイズの決定方法

　上記のような研究目的を達成するために，Rhodes et al.（2014）は，必要なサンプルサイズの計算について，1節割いて記載しています（「Methods/Design」内の「Sample size calculation」に記載）。Rhodes et al.（2014）は，以下のようにして**非劣性マージン**を見積もりました。

　「私たちは，2つの方法を用いて主要アウトカム（PHQ-9）の非劣性マージンを見積もった。1つ目は，対照群と行動活性化群の比較をした過去の試験の効果量を用いる方法になる。2つ目は，主要アウトカム（PHQ-9）に関してすでに報告されている最小限の臨床的に重要な差（PHQ-9で2.59から5.00）を用いる方法になる（Löwe, Unützer, Collahan, Perkins, & Kroenke, 2004）。私たちのメタ分析に基づくと，うつ病に対する行動活性化は対照群よりも0.7標準偏差分だけ抑うつ症状得点の平均値が低い（95％信頼区間は，0.39から1.00），もしくはPHQ-9の得点において，3.8点低い（95％信頼区間は，2.1点から5.4点）。なお，Löwe et al.（2004）によると，標準偏差は 5.4 とされる。これらから，非劣性マージンは，対照群と比較した時の効果量の半分（つまり 0.5 × 3.8 = 1.90），もしくは，対照群と比較したときの効果量の 95％信頼区間の下限（つまり，2.1）を提案する。」

前述のように，Rhodes et al.（2014）は，非劣性マージンとして，対照群と比較したときの効果量の半分（1.90），もしくは，対照群と比較したときの効果量の 95％信頼区間の下限（2.1）を設定しました。また，さらに最小限の臨床的に重要な差の下限（2.59）を用いた非劣性マージンも設定しています。対照群と比較した結果を用いたものは，過去の臨床試験の結果をもとにした現実的な差を検討するものであり，最小限の臨床的に重要な差を用いたものは，重要な差を検討するものになります。さらに，それぞれのマージンについて，検定力を 90％と 80％にしたときの必要サンプルサイズを算出しています（3 種類の非劣性マージンと 2 種類の検定力で 6 種類）。そして，最終的に以下のようにしています。

「私たちは，保守的な 1.90 の非劣性マージンと検定力 90％を選択した。脱落やプロトコルからの逸脱による 20％の減少を許容したうえで，片側 2.5％の有意水準において，PHQ-9 で 1.90 の群間の非劣性マージンを検出できるには，合計 440 人の参加が必要となった。」

上記のサンプルサイズ設計には，R の TrialSize パッケージの `TwoSampleMean.NIS()` を用います。`TwoSampleMean.NIS()` は，以下のような関数であり，独立な 2 群の平均値差についての非劣性試験のサンプルサイズを計算します。

`TwoSampleMean.NIS(alpha, beta, sigma, k, delta, margin)`

必要なサンプルサイズを求めるために，`alpha` に有意水準（非劣性の場合は片側有意水準），`beta` に 1- 検定力，`sigma` にプールした 2 群の標準偏差，`k` に両群の人数比（群1/ 群2），`delta` に非劣性マージン，`margin` に真の平均値差（群 2 の母平均 − 群 1 の母平均，差がないとするなら 0 を入れる）を入力します。

実際に，`TwoSampleMean.NIS()` を用いて，非劣性試験におけるサンプルサイズを計算してみます。片側有意水準は 2.5％，検定力は 90％，両群のプールされた標準偏差は 5.4（Löwe et al.（2004）に基づく），2 群の人数比は 1 対 1 なので `k` は 1，非劣性マージンは 1.90，2 群の母平均は差がないと考えるので `margin` は 0 とします。その結果，以下のように 169.7487 人が必要となります。

```
# パッケージのインストール
  install.packages("TrialSize", dependencies = TRUE)
# パッケージの読み込み
  library(TrialSize)
# 非劣性マージン1.90，検定力90％のサンプルサイズ設計
  nisSampleSize = TwoSampleMean.NIS(0.025, 0.1, 5.4, 1, 1.90, 0)
  nisSampleSize
```

```
[1] 169.7487
```

さらに，試験において20％の脱落が生じることを考慮して，20％脱落しても169.7487人になるように以下の計算をすると，212.1859となります。これを10の単位で切り上げすると，220となり，合計440人となります。

```
#20%の脱落を考慮
  nisSampleSize/0.8
```

```
[1] 212.1859
```

## C　まとめ

　Rhodes et al.（2014）のプロトコル論文は，セラピストの訓練コストの低い行動活性化が，通常の認知行動療法と比べて劣っていないことを調べる非劣性試験に関するものでした。副作用が少ないことやコストが低いことを理由に，非劣性試験が行われることも多いため，そのサンプルサイズ設計の理解は重要に思います。非劣性試験のサンプルサイズ設計においては，非劣性マージンの設定が重要になるため，合理的な根拠をもって非劣性マージンを設定する必要があります。Rhodes et al.（2014）のプロトコル論文では，現実的な差と重要な差の2つの側面からアプローチし，さらに複数のサンプルサイズ設計を行ったうえで，最も保守的な結果を採用しています。Rhodes et al.（2014）のプロトコル論文は，非常に丁寧な

記載がなされており，非劣性試験のプロトコル作成のお手本となる論文になります。本試験の結果は，2016年の7月に*Lancet*誌に掲載されました（Richards et al., 2016）。Richards et al.（2016）では，サンプルサイズ設計通りに，認知行動療法と行動活性化に，それぞれ約220人の参加者を割りつけて，効果評価をしました。その結果，認知行動療法と行動活性化によるうつ症状低減効果には差がなく，行動活性化の非劣性を確認することができました。

### 5.3.3 信頼区間に基づくサンプルサイズ設計

#### A うつ病に対するステップ化ケア（Stepped Care）と認知行動療法の比較

　この論文は，Trials誌に掲載されたイギリスのHill, Kuyken, & Richards,（2014）の無作為化比較試験のためのパイロット研究に関するプロトコル論文です。うつ病は，生涯有病率と生活支障度が高い精神疾患ですが，すべての患者が心理療法を受けているかというと必ずしもそうではありません。イギリスの調査では，メンタルヘルス上の問題を抱えた者のうち24％だけが治療を受けており，そのうちの42％のみがエビデンスに基づいた心理療法を受けていました（McManus, Meltzer, Brugha, Bebbington, & Jenkins, 2009）。心理療法を受けた患者における効果についてはこれまで明らかになってきましたので，今後は，これまで治療を受けなかったような患者にも心理療法を提供していくことが課題になってきています。

　そのような課題への解決策として，イギリスにおいては，低強度の心理的介入と高強度の心理的介入を提供するステップ化ケアという方法が提唱されてきています。低強度の心理的介入は，個別にサポートがある認知行動療法のセルフヘルプ，コンピュータ化された認知行動療法などになります。低強度の心理的介入はコストが低い点が特徴になります。一方，高強度の心理的介入は，認知行動療法，対人関係療法，行動活性化などの個別の心理的介入になります。軽症のうつ病患者は，低強度の心理的介入のステップからはじめ，それで十分な効果が得られないもしくは重症な場合に，高強度の心理的介入にステップアップします。

　イギリスにおいては，心理療法へのアクセスの改善（Improving Access to Psychological Therapies：IAPT）政策に基づいて，ステップ化ケアが推進されてきています。しかしながらステップ化ケアの有効性やコストの評価については，まだ不明な点があります。たとえば，患者ベースのメタ分析において，ベースラインの重症度の高い患者であっても，低強度の心理的介入による症状改善効果が

あることが示されています（Bower et al., 2013）。このことを考慮すると，低強度と高強度に分けて実施するステップ化ケアは，高強度の認知行動療法単独と比べて，コストを抑えつつ，同じくらいの効果を示すことができるのかどうか気になります。しかし，ステップ化ケアと認知行動療法単独の比較をするような無作為化比較試験を実施するには，参加する者の比率と参加を維持する者の比率，低強度から高強度にステップアップする比率，大規模データにおけるサンプルサイズ設計で用いる効果量の設定など，まだ不明な点があります。そこで，Hill et al.（2014）は，そのような完全な無作為化比較試験を実施するための基礎となるようなパイロット研究を計画しました。主な研究目的は，完全な無作為化比較試験を計画したり，その実現可能性を検討するために，参加する者の比率，参加を維持する者の比率，低強度から高強度へステップアップする比率，治療効果についての情報を集めることになります。

　Hill et al.（2014）の研究では，IAPT サービスを利用している者に研究参加を呼びかけて，そのなかから構造化診断面接によって大うつ病と診断された 18 歳以上の者を対象とします。適格基準に合致した患者は，症状重症度に応じて層別化されたうえで，ステップ化ケアか高強度の心理療法（認知行動療法）に，1 対 1 の割合で，コンピュータを用いて無作為に割りつけられます。この研究は実現可能性を検討するパイロット研究のため，主要アウトカムを決めず，抑うつ症状，不安，生活の質などを評価します。

## B　サンプルサイズの決定方法

　上記のような研究目的を達成するために，Hill et al.（2014）は，必要なサンプルサイズの計算について，1 節割いて記載しています（「Methods/Design」内の「Sample size」に記載）。今回は，今後行う完全な無作為化比較試験の実現可能性を検討するパイロット研究のため，効果量の設定などが難しく，検定力分析は行えません。そこで，Hill et al.（2014）は，信頼区間に基づくサンプルサイズ設計（第 3 章参照，ただし第 3 章には比率についての説明はありません）をしています。Hill et al.（2014）によると，以下のようにサンプルサイズ設計を行っています。

　「通常の検定力分析はパイロット研究の目的からすると不適切になる（Arain et al.,2010; Thabane et al., 2010）。代わりに，私たちは，関心のある鍵となるパラメータに関連した誤差のマージンに基づくサンプルサイズ設計を行った。関心の

ある鍵となるパラメータとは，リクルート率，フォローアップ率，アウトカムの標準偏差，ベースラインと6か月後フォローアップ得点間の相関になる。〈中略〉私たちは，実現可能性試験において，合計1,500人の患者の参加が必要であると予想した。これは，95％信頼区間に基づいたときに5％の参加率（参加を呼びかけた参加者の割合）が ±1.1％内に収まる，もしくは10％の参加率が ±1.5％内に収まるように推定できるのに十分なサンプルサイズになる。」

ここでは，検定力分析ではなく，信頼区間を用いた推定をしています。**母比率の信頼区間**は以下の式になります（$p$ は比率，$N$ はサンプルサイズ，$Z_{信頼係数}$ は 99％や 95％などの信頼係数に対応する標準正規分布の $z$ 値）。

$$p \pm Z_{信頼係数} \times \sqrt{\frac{p(1-p)}{N}}$$

目標とする**信頼区間の半幅**を $M$ とした場合，母比率の信頼区間に基づくサンプルサイズ設計では，特定の比率の信頼区間が $M$ よりも小さくなるときのサンプルサイズ（$N$）を求めます（$M$ が第3章の $h$ のような，標準偏差に対する半幅の割合ではなく，半幅そのものであることに注意してください）。それは，以下のように表現できます。

$$M > Z_{信頼係数} \times \sqrt{\frac{p(1-p)}{N}}$$

この両辺を2乗します。

$$M^2 > Z_{信頼係数}^2 \times \frac{p(1-p)}{N}$$

さらに，両辺に $N$ を掛けて，$M^2$ で割ります。そうすると以下のような式になります。この右辺を解くと必要なサンプルサイズが求まります。

$$N > Z_{信頼係数}^2 \times \frac{p(1-p)}{M^2}$$

上記の式を用いて，95％信頼区間に基づいたときに5％の参加率が ±1.1％に収まるサンプルサイズを R で計算してみます。参加率は5％なので，$p$ は 0.05 になります。95％の信頼係数において，上側確率は，2.5％ になります。標準正規分

布において，上側確率 2.5％に対応した $z$ 値は 1.96 になるため，ここでの $Z_{信頼係数}$ は 1.96 になります。そして，信頼区間の半幅（$M$）は，0.011 になります。これらを R 上で計算すると以下のように，1508.066 となります。

```
(1.96^2)*(0.05*(1-0.05))/(0.011^2)
```

```
[1] 1508.066
```

同様に，95％信頼区間に基づいたときに 10％の参加率が ±1.5％に収まるサンプルサイズを R で計算してみます。参加率は 10％なので，$p$ は 0.10 になります。$Z_{信頼係数}$ は，前述と同じく，1.96 になります。そして，信頼区間の半幅（$M$）は，0.015 になります。これらを R 上で計算すると以下のように，1536.64 となります。

```
(1.96^2)*(0.10*(1-0.10))/(0.015^2)
```

```
[1] 1536.64
```

若干 1,500 人を超えているような気もしますが，約 1,500 人に参加募集をすると，参加率 5 ± 1.1％もしくは 10 ± 1.5％を達成することができると考えられます。なお，Hill et al.（2014）は，2,000 人に参加募集した場合の参加率と信頼区間の検討や，1,500 人に募集して参加した 75 人（1,500 人の 5％は 75 人）がフォローアップ時に脱落せずに残った人数，アウトカムの標準偏差，ベースラインとフォローアップ間のアウトカムの相関係数の信頼区間についても議論をしていますが，少し煩雑になりますので，ここでは省略します。

## C　まとめ

Hill et al.（2014）は，低強度から高強度に分けて実施されるステップ化ケアが，通常の高強度の認知行動療法と同等の効果があるかに関心がありました。そこで，ステップ化ケアの同等性を調べる無作為化比較試験を実施するうえで必要な情報を得るためのパイロット研究を計画しました。このようなパイロット研究の場合，通常の検定力分析ではサンプルサイズ設計が難しいことがあります。その場合に，

必要な信頼区間の幅を設定したうえで，信頼区間に基づいたサンプルサイズ設計をすることもできます。紹介した Hill et al.（2014）のプロトコル論文のなかでは，募集対象者の参加率と必要な信頼区間からサンプルサイズ設計を行っています。この研究については，ISRCTN registry（http://www.isrctn.com/）に登録されています（登録番号は，ISRCTN66346646）。登録内容から，本試験はすでに終了していますが，論文としてはまだ発表されていません（2017 年 1 月現在）。

## 5.4　今後の展望

　奥村・伊藤（2010）と Okumura & Sakamoto（2011）の報告にあるように，日本国内の臨床心理学研究におけるサンプルサイズ設計は，まだ進んでいない現状があります。一方で，国際誌においてはサンプルサイズ設計を求める雑誌が多くなってきています。それに伴って，徐々に日本国内での研究においてもサンプルサイズ設計が行われるようになってきています。大学病院医療情報ネットワーク研究センター（University hospital Medical Information Network（UMIN）Center）が管理する臨床試験登録システム（http://www.umin.ac.jp/ctr/index-j.htm）では，これから実施される，もしくは実施中の臨床試験を検索することができます。UMIN の臨床試験登録システムに登録されている臨床心理学・精神医学関連の研究を検索すると，詳細な根拠についての記載はありませんが，事前に設定されたサンプルサイズが記載されています。また，*Trials* 誌のようにプロトコル論文が掲載される雑誌もあり，そこではサンプルサイズ設計が記載されています。サンプルサイズ設計自体は，高度な統計手法を用いるものではありませんが，その研究領域に関する事前の知識がないとサンプルサイズ設計を行うことは困難です。特に，目標とする群間差の設定については，研究領域に関する事前知識が必須となります。Cook et al.（2015）の報告事項リストを参照しつつ，出版されているプロトコル論文などを読んで実際の設定方法について研究領域ごとに学習をしていくことが重要だと思います。なお，今回は無作為化比較試験を中心に紹介をしましたが，観察研究の報告に関するガイドラインである Strengthening the Reporting of Observational Studies in Epidemiology（STROBE）声明においても，サンプルサイズ設計とその根拠についての記載が必要とされています（von Elm et al., 2007）。

　サンプルサイズが不足した研究を行うことは，検定力の低い研究を行うことになり，研究から得られた結論の確信度を低めます。これは，研究の再現性の問題

を考えた場合，研究の科学性を担保するうえで避ける必要があります。一方で，サンプルサイズが多すぎる研究をすることは，心理的な問題で苦しんでいる方を対象とした研究において，不必要な負担を強いる可能性があり，さらに費用などの研究資源の無駄となります。これは，患者に対する臨床心理学の専門家としての倫理性を担保するうえで避ける必要があります。研究の科学性と臨床上の倫理性の2つを担保するためにも，事前にサンプルサイズ設計を行ったうえで研究することが今後ますます必要になってくると思います。

# 第6章 社会心理学研究における サンプルサイズ設計

■山内香奈

## 6.1 研究のサンプルサイズとサンプルサイズ設計の実態

　社会心理学を代表する国内外のジャーナルに掲載された論文では，どのくらいのサンプルサイズのデータが分析され，研究の結論が導かれているのでしょうか。本節では，その大まかな傾向を把握するため，近年掲載された論文について調べた結果を紹介します。また，サンプルサイズ設計に関する実態についても述べます。

### 6.1.1 対象論文

　国内のジャーナルは，2010年3月から2015年3月までに掲載された社会心理学研究（社心），および，2010年8月から2015年3月までに掲載された実験社会心理学研究（実社心）の計156編の論文を，海外のジャーナルは，2014年8月から2015年7月までに掲載された *Journal of Personality and Social Psychology*（JPSP）の110編の論文を対象に調査しました。ただし，下記5点のいずれかに該当する論文は集計の対象から除きました。

- 予備調査や予備実験以外の部分で統計的分析が行われていない論文
- メタ分析を目的とした論文
- コンピュータシミュレーションによる実験論文
- ほかの論文に対するコメントやコメントへの回答を目的とした論文
- 展望論文

　その結果，国内のジャーナルは142編，JPSPは105編が対象となりました。対象となった論文の詳細を 表6.1 に示しました。

**表6.1** 調査対象の論文

| 誌名 | 巻号と刊行年月 | 掲載論文数と種別 | 調査対象の論文 |
|---|---|---|---|
| 社心 | 25巻3号〜30巻3号<br>2010年3月〜2015年3月 | 94編<br>（原66，資28） | 90編<br>（原62，資28） |
| 実社心 | 50巻1号〜54巻2号<br>2010年8月〜2015年3月 | 62編<br>（原41，資19，展2） | 52編<br>（原34，資18） |
| JPSP | 107巻2号〜109巻1号<br>2014年8月〜2015年7月 | 110編 | 105編 |

注1）括弧内の「原」，「資」，「展」はそれぞれ原著，資料，展望の論文種別を表す。
注2）括弧内の数値は論文数（編）を表す。

## 6.1.2 研究法別に見たサンプルサイズ

まず，論文に記載された研究を研究法別（「調査」または「実験」）に分類しました。ただし，1編の論文に研究1や研究2などのように複数の研究がある場合は研究単位で分類しました。次に分析に用いられたサンプルサイズを研究別に抜き出しました。その際，1つの研究のなかで複数の分析が行われている場合は，最大のサンプルサイズを当該の研究のサンプルサイズとしました。なお，予備的な調査や実験は調査の対象から除外しました。図6.1 と 図6.2 に国内外の研究の研究法とサンプルサイズの関係を示しました。

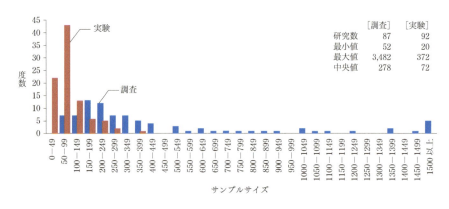

**図6.1** 国内2誌の対象論文中の研究のサンプルサイズ

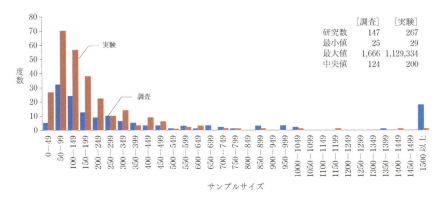

**図6.2** JPSPの対象論文中の研究のサンプルサイズ

　国内の2誌では，「調査」87研究，「実験」92研究で両者の数はほぼ同じでしたが，JPSPでは，「調査」147研究，「実験」267研究で，実験研究の数がかなり多く見られました。国内外の研究とも，調査研究は実験研究に比べて分布のばらつきがかなり大きくなっている点，実験研究の最頻値がともに50〜99にある点など，大まかな傾向は似ていることが確認できます。ただし，国内2誌の調査研究で最頻値の位置がJPSPのそれに比べて右側に寄っているのは，今回のサンプルサイズのカウントが予備的な調査や実験を外したことによる影響と考えられます。JPSPでは，予備的な研究が「Study 1」となっているケースが多く，それらが計上されたことで，サンプルサイズの小さな研究が国内の研究より多くなった可能性があります。それらを考慮すると，かなりざっくりとした見方ではありますが，実験研究では100前後，調査研究では150から500弱のサンプルサイズで分析した研究が比較的多いことがわかります。

## 6.1.3　研究法別に見た分析に用いられる統計手法

### A　使われた統計手法の割合

　上記の国内の研究を対象に，比較的よく使われる7つの統計手法，① $t$ 検定（対応なし・対応あり），② 分散分析（参加者間要因，参加者内要因，混合要因），③ 相関分析，④ 回帰分析（単回帰分析，重回帰分析，階層的重回帰分析），⑤ 因子分析，⑥ 共分散構造分析（構造方程式モデルと表記されたもの，共分散構造分析によるパス解析と表記されたものを含む），⑦ カイ2乗検定が，どれくらい使

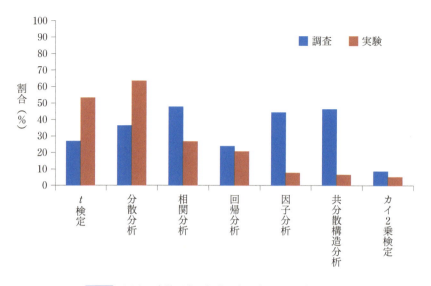

**図6.3** 国内の実験研究と調査研究に適用された統計手法の割合

用されていたかを調べ、その結果を **図6.3** に示しました。図から、調査研究では、全体の約半数近くの研究が相関分析、因子分析、共分散構造分析を用いていることが、また、実験研究では、半数以上の研究が分散分析や $t$ 検定を用いていることがわかります。

## B 統計手法が適用されたデータのサンプルサイズ

では、①〜⑦の7つの統計手法はどれくらいのサンプルサイズのデータに適用されていたのでしょうか。研究法別に各統計手法が適用されたデータのサンプルサイズをカウントしました。その際、1つの研究のなかで、たとえば、対応なしの1要因分散分析と混合要因の2要因分散分析がそれぞれ異なるサンプルサイズで行われていた場合は2つのサンプルサイズを、同一のサンプルサイズで行われていた場合は1つのサンプルサイズをカウントするというように、同じ分析手法であってもサンプルサイズが異なる場合はそれぞれをカウントしました。研究法別にサンプルサイズの中央値を求めた結果を **図6.4** に示しました。また **表6.2** には研究法別に見たサンプルサイズの最小値と最大値をまとめました。

同じ統計手法であっても実験研究に比べて調査研究のほうがサンプルサイズの中央値が大きい値をとりました。カイ2乗検定は、実験研究でも調査研究でも最

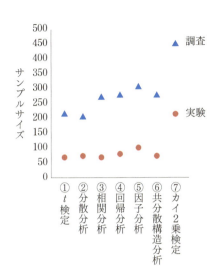

**表6.2** 研究法別に見たサンプルサイズの最小値と最大値

| 統計手法 | 調査 | | 実験 | |
|---|---|---|---|---|
| | 最小値 | 最大値 | 最小値 | 最大値 |
| ① | 136 | 1,386 | 32 | 265 |
| ② | 64 | 3,482 | 43 | 238 |
| ③ | 75 | 1,455 | 39 | 225 |
| ④ | 65 | 3,482 | 40 | 372 |
| ⑤ | 75 | 3,100 | 20 | 265 |
| ⑥ | 43 | 1,455 | 20 | 262 |
| ⑦ | 64 | 3,482 | 20 | 141 |

**図6.4** 統計手法別のサンプルサイズの中央値

も大きな値をとりましたが，これはほかの統計手法に比べて用いられた研究の数が少なかったことも影響した可能性が考えられます。カイ2乗検定を除く6つの手法について見てみると，調査研究では，因子分析の306が最も高く，次に，相関分析，回帰分析，共分散構造分析が272，278，279でほぼ同じくらいの値をとり，$t$検定と分散分析はそれよりさらに少ない216，203でした。一方，実験研究ではいずれも60から100の間をとりましたが，そのなかでは相関分析の64が最も小さく，因子分析の96が最も大きな値でした。なお，$t$検定や分散分析は，本来，データの対応の有無，要因数，要因の水準数などを分類して調べるのがより望ましいのですが，ここでは大まかな傾向をとらえることを優先し，それらを細分せずに調べています。そのため，結果の解釈には注意が必要です。

今回は，分析の対象となったサンプルサイズを調べましたが，実際に研究のために収集されたサンプルサイズは欠損などが生じることを考慮し，それ以上の数になることが多くなります。そのため多くの論文では，収集されたサンプルサイズと実際に分析の対象とされたサンプルサイズが分けて記載されています。今回調べた国内の研究では，収集されたサンプルサイズは分析対象となったサンプルサイズよりも平均して実験研究で1.08倍，調査研究で1.23倍多くなっていました。したがって実際に研究を行う際は，分析に必要なサンプルサイズを検定力分析などで見積もったうえで，それを確実に確保できるようにデータの欠損がどの

程度になるかを考慮して，見積もった数以上のサンプルサイズを収集しておくことが望ましいでしょう。

## 6.1.4 サンプルサイズ設計の実態

　ここまで国内外の代表的なジャーナルに掲載された研究のサンプルサイズのおおよその傾向について見てきました。それでは，研究者はどのようにして研究のサンプルサイズを決めているのでしょうか。統計的仮説検定では，サンプルサイズが大きくなるほど，有意な結果が得られやすくなります。しかしだからといって，闇雲に多くのデータを集めることは望ましくありません。それは実質科学的にあまり意味のない差を検出することにつながることや，また，研究の倫理的観点や経済的な観点において大きな問題をはらむことがあるためです。そのため，近頃では，サンプルサイズの設計を勧めるジャーナルが増えてきています。たとえば，*Journal of Experimental Social Psychology* 誌の投稿規定（JPSP Editorial GuidelinesVersion of 15 January 2016）には，以下のように書かれています。

　　Explain how sample size was determined, including whether and how looking at the results influenced the collection of additional data.
（以下引用者訳）
　　研究のサンプルサイズがどのように決定されたのかを説明すること。その際，結果を見ることが追加データをとることに，影響したかどうか，また，どのように影響したかを含めて説明すること。

　また，*Social Cognition* 誌では，投稿規定ではありませんが，論文の情報価値を高めるための投稿者向けのチェックリストのなかに同様な内容の項目が含まれています。

　　(4) Are (a) how sample size was determined and (b) your data-collection stopping rule reported in the Method section(s).
（以下引用者訳）
　　論文の方法において，（a）どのようにサンプルサイズを決めたのか，そして（b）データ収集の停止規則について報告すること。

しかし，これらのジャーナルの最近の論文についても，サンプルサイズの設計に関する記述は十分，かつ，明確になされているとはいえません。一方，国内のジャーナルでは，サンプルサイズの設計に関する記述を推奨したり，求めたりしている例は見られません。しかし，今後は，サンプルサイズの設計に関するより客観的な根拠が求められるようになっていくでしょう。そこで次節では，実際の研究を例に，検定力分析や信頼区間に基づくサンプルサイズの設計の実践について見ていきたいと思います。

## 6.2 研究紹介

社会心理学領域の研究として，研究による知識の進歩と，実践による個別状況の改善という目的を同時に達成しようとするアクションリサーチによる実践研究があります。次節以降では，筆者が行ったアクションリサーチを例に，どのようにサンプルサイズを決定したのか，その実践について見ていきます。本節では，とりあげた研究について紹介します。

### 6.2.1 とりあげた研究とその概要

とりあげた研究と概要は下記の通りです。概要は論文に掲載された要旨です。

山内香奈・菊地史倫（2016）．鉄道従業員向けアナウンス研修の転移促進手法に関する実験的検討　教育心理学研究, *64*（1），131-143.
《概要》
本研究は，鉄道輸送障害時における鉄道従業員のアナウンス業務に見られる慣習的行動を目標行動へと主体的に変容させるための職場研修（映像教材の視聴）をとりあげ，研修の効果の持続性を高めるフォローアップのあり方を不等価4群事前事後テストデザインの準実験により検証した。首都圏の鉄道会社1社の543人に対し，4つのフォローアップ条件（GS（Goal-setting）：教材視聴直後に目標設定を要請，FB（Feedback）：教材の視聴前後の同僚の意識や行動の変化を視聴から3か月後に提示，併用：GSとFBの併用，統制：フォローアップなし）のいずれか1条件を職場単位で実施し，目標行動に対する態度，主観的規範，行動意図の3つの心的変数と目標行動の実践状況を質問紙調査により複数回，測定した。研修前と研修から6か月後を比較した結果，(1) 心的変数の変化量はいずれ

も統制群に比べ GS, FB の各群で有意に大きくなり，（2）目標行動の実践率は，研修前に目標行動がとれているか否かにかかわらず FB による促進効果がほかの条件に比べ高い可能性が示された．最後に，心的レベルと行動レベルでの有効性が示唆された本研究で実施した FB の効果をさらに高めるための教育的工夫を提案した．

### 6.2.2　研究の目的

　本研究の目的は，従業員（駅係員や車掌）が組織メンバーとして一人前になっていく組織社会化の過程で身につけた旅客へのアナウンス業務に関する慣習行動を，より顧客の立場に立った新たな行動（目標行動）へと主体的に変えられるように支援するための教育方法について検討することです．より具体的には，主体的な行動変容を促すための映像教材（山内，2013）を視聴する研修の後に，目標行動をより定着させるための職場で実施するフォローアップ方法として，行動の目標を立てたり，表明したりすることを求める目標設定（GS）と，過去のパフォーマンスに関する情報を提供するフィードバック（FB）をとりあげ，それらの行動変容効果を実験的に調べました．

　本研究で扱う慣習行動や目標行動とは，事故や災害の発生により，列車の運行が大きく乱れた際に，列車の運転がいつ再開されるのか，その見込みを利用者にアナウンスで伝える行動に関するものです．簡単にいうと，これまでは，運転再開見込み時刻などを案内してしまうと，見込み時刻通りに運転が再開されなかった場合，利用者を混乱させたり，苦情の原因になったりするので運転再開見込みは積極的に伝えないほうがよいという従業員本位の考えが共有され，実践されてきました．しかしこれからは，より顧客視点に立ち，迂回行動などの対処行動を利用者に選択してもらいやすくするために，状況によって案内内容の変更があることを伝えつつ，早い段階から積極的に運転再開見込みを案内するように行動を変えるということです．この程度の行動の変化であれば，簡単に実行できるのではないかと思われるかもしれません．しかし，組織のなかで長年受け継がれてきた仕事のやり方を変えることは従業員の変化に対する心理的抵抗，たとえば，頭ではわかっていても気持ちがついていかないというような心理状態に阻まれ，実現しないことが多々見られます．心理的抵抗が生じる原因には，たとえば，組織に利益をもたらすことでも個人的には損を被ると感じられることや，これまで信じてきた価値ややり方を否定されることに対する反発が生じることなどが挙げら

れます（Furukawa, 1997）。罰則で行動を促すという考え方もありますが，ギリギリの人員で運用する営利追求型の組織では，罰則を運用すること自体が難しく，また，罰則の乱用は従業員のやる気を奪ったり，職場の雰囲気を悪くしたりすることもあり，その活用は容易ではありません。そのため，近年，企業や組織で働く人の主体性を尊重し，自ら行動を変えられるように支援するための教育方法の重要性が強調されています。しかし，その具体的方法に関する知見は乏しく，現場の教育の改善はあまり進んでいません。

GS や FB の行動変容効果は，学校教育場面での目標行動の達成（道城・松見，2007）や，節水行動などの環境配慮行動の促進を扱った研究（McCally & Midden, 2002）においても見られ，両者を併用することでさらに効果が高まることが報告されています（Abrahamse, Steg, Vlek, & Rothengatter, 2005）。しかし，先行研究では先行刺激からあまり時間をおかずにフィードバックや目標設定が行われており，研修と研修の間が数か月空くことも多い鉄道従業員の教育現場で実施できる方法とはかなり条件が異なります。また，先行研究では，本研究が対象とするような組織行動を扱っているものはほとんど見られません。組織行動は組織規範の影響を受けることが予想されるため，先行研究の知見をそのまま生かせるのかどうか，検討する必要がありました。そこで本研究では，実際の教育場面で実施可能な条件で，GS 単独（GS），FB 単独（FB），両者の併用（併用），処遇なし（統制）の 4 つの方法を鉄道従業員の教育の場で試行し，その行動変容効果を調べました。

## 6.3 サンプルサイズの決定プロセス

本節では，筆者がどのようにサンプルサイズを決定し，それをデータの収集や分析方法の計画に反映させたのか，その実践について見ていきます。

### 6.3.1 サンプルサイズに関する現実的制約とそれへの対応

6.2 節で述べた映像教材に関心をもち，車掌教育への導入を検討していた首都圏の A 鉄道会社と協議し，筆者らが有効と考えるいくつかのフォローアップ方法の効果を実際の教育の場で実験的に調べる実践研究を行うことを考えました。教育の場のさまざまな現実的制約のため，十分に条件を統制した真正の実験デザインを適用することは難しく，準実験デザインを適用することにしました。具体的

には,職場の教育管理体制上,支障のない期間内(教材視聴から6か月以内)にデータを収集することで統制条件を設定することはできましたが,実験条件への対象者のランダムな割りつけは難しく,職場単位で割りつけました。また,本研究はA鉄道会社の正規の職場教育として行われるため,全職場の全車掌に対して職場単位で等しく介入や調査を行うことが強く求められました。そのため,A鉄道会社の全車掌数が本研究で収集される最大のサンプルサイズになります。筆者は研究計画を立てるに先立ち,そのサンプルサイズで研究を行った場合に,実験条件の効果をどの程度正確に評価できそうか目安をつけることにしました。これは研究の信頼性を確保するという観点から重要であるだけでなく,社会的営みとして研究を行ううえでA鉄道会社や研究者側の人的,時間的コストに見合うかという経済的な観点からも,研究の遂行判断を行ううえで極めて重要でした。具体的には,映像教材の効果を調べた先行研究を参考に暫定的な実験計画を立て,それに基づき必要なサンプルサイズを検定力分析により算出しました。

### 6.3.2 データ収集と分析方法に関する暫定的な計画

#### A データ収集

先行研究(山内,2013)では,映像教材の視聴によって目標行動の実践が促される過程について 図6.5 のモデルを考え,共分散構造分析によりその妥当性を検証しています。このモデルの変数のうち目標行動に対する「態度」,「主観的規範」,「行動意図」の3つは心的レベルの変数であり,6段階評定でとられた量的変数で

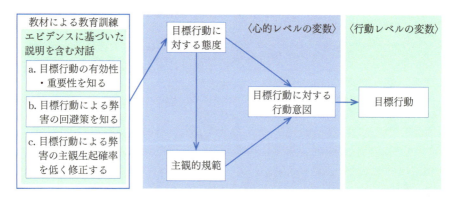

図6.5 目標行動の生起過程モデル

す。「目標行動」は行動レベルの変数で，目標行動を「行動する」，「行動しない」で表した2値変数です。本研究では，このモデルに基づき処遇の効果の違いを心的レベルと行動レベルの2つの観点から調べることを想定しました。その際，映像教材を視聴する前と視聴から6か月後に質問紙調査を行い，データを得ることにしました。

### B 分析方法

**(a) 心的レベルの変数**

「態度」，「主観的規範」，「行動意図」の3つの変数について，事前と視聴から6か月後の測定値の変化量をそれぞれ求め，それらに参加者間の1要因（4水準）分散分析を適用し，実験条件間の平均値差を調べることにしました。

**(b) 行動レベルの変数**

教材を視聴する前の目標行動の実践状況（「行動する」「行動しない」）別に，実験条件と6か月後の目標行動の実践状況の頻度を4×2のクロス集計表にまとめ，独立性のカイ2乗検定により実験条件間の比率差を調べることにしました。

### 6.3.3　検定力を考慮したサンプルサイズの算出

#### A 心的レベルの変数の分析

1要因分散分析に必要なサンプルサイズは，効果量，検定力，有意水準に加え，実験条件数を定めることで求められます。1要因分散分析の効果量は一般に $f$（Cohen, 1988）で表されます（第2章参照）。$F$検定に対して**検定力分析**を行う際の母集団における効果量は下記の通りです。

$$f = \frac{母集団平均値の標準偏差}{各群内における母集団標準偏差（全群で等しいとする）}$$

本研究の場合，先行研究などから効果量の目安をつけることが難しかったため，**Cohen の基準**（Cohen, 1988）を用いて，効果量 $f$ を 0.1（「小」効果量），0.25（「中」効果量），0.4（「大」効果量）の各値とし，有意水準5％，実験条件数4の場合に，検定力 0.8 を確保するのに必要なサンプルサイズを次の R のプログラムにより計算し，結果を 表6.3 に示しました。その際，R の pwr パッケージに含まれる関数 `pwr.anova.test()`（第2章参照）を使いました。

```
install.pakages("pwr")  # pwr パッケージのインストール
library(pwr)   #pwr パッケージの読み込み
for(i in c(0.1, 0.25, 0.4))
{print(ceiling(pwr.anova.test(k = 4, f = i, n = NULL, sig.level
= .05, power = .8)$n))}
# 水準数 k, 効果量 f, 1 条件あたりのサンプルサイズ n, 有意水準 sig.level,
# 効果量 power
# $n で関数 pwr の出力からサンプルサイズ n のみを取り出し,
# 関数 ceiling でそのサンプルサイズを整数に繰り上げる
```

 なお,有意水準 5 %,検定力 0.8 としたのは,心理学で慣習的に使われることが多い有意水準 5 %を基準に考えたとき,検定力を 0.8 とすることを Cohen(1988)が提唱しており,5-80 ルールとして広く用いられている(Ellis, 2010)ためです。また,本研究は帰無仮説を積極的に採択することを目的とする研究ではないため,より高い検定力を設定する積極的な理由がなかったことも考慮しました。

 表6.3 から,小さな効果しか見込めない場合には 1 条件あたりのサンプルサイズを 274 以上にしないと検定力 0.8 は得られませんが,大きな効果が見込める場合には 1 条件あたり 19 あれば検定力 0.8 を確保できることがわかります。

表6.3　1 要因分散分析に必要なサンプルサイズ

(有意水準 5 %,検定力 0.8, 実験条件数 4 の場合)

| $f$ | 0.1(「小」効果量) | 0.25(「中」効果量) | 0.4(「大」効果量) |
| --- | --- | --- | --- |
| サンプルサイズ | 274 | 45 | 19 |

## B 行動レベルの変数の分析

独立性のカイ 2 乗検定では次のように定義される効果量 $w$ が用いられます（第 2 章参照）。

$$w = \sqrt{\sum_{i=1}^{k} \frac{(\pi_{1i} - \pi_{0i})^2}{\pi_{0i}}}$$

$k$ セルの数
$\pi_{1i}$ 対立仮説のもとでのセル $i$ における母集団比率
$\pi_{0i}$ 帰無仮説のもとでのセル $i$ における母集団比率

先行研究から母集団における効果量 $w$ の大きさの目安をつけることが難しかったため，Cohen の基準（Cohen, 1988）を採用して必要なサンプルサイズを求めました。独立性のカイ 2 乗検定に必要なサンプルサイズは，効果量，有意水準，検定力に加え，カイ 2 乗検定の自由度を定めれば計算することができます。Cohen (1988) の基準から，効果量 $w = 0.1$（「小」効果量），0.3（「中」効果量），0.5（「大」効果量），有意水準 5 %，自由度 3（ $= (4-1)(2-1)$）とし，検定力 0.8 を確保するために必要なサンプルサイズを下記の R のプログラムにより計算し，結果を 表6.4 に示しました。計算には R の pwr パッケージに含まれる関数 `pwr.chisq.test()`（第 2 章参照）を使いました。

```
library(pwr)   # pwr パッケージの読み込み
for(i in c(0.1, 0.3, 0.5)){print(ceiling(pwr.chisq.test(w = i,
N = NULL, df = 3, sig.level = 0.05, power = 0.8)$N))}
# 効果量 w，サンプルサイズ n，検定の自由度 df，有意水準 sig.level，
# 効果量 power
```

表6.4 カイ 2 乗検定に必要なサンプルサイズ

（有意水準 5 %，検定力 0.8，自由度 3 の場合）

| $w$ | 0.1（「小」効果量） | 0.3（「中」効果量） | 0.5（「大」効果量） |
|---|---|---|---|
| サンプルサイズ | 1,091 | 122 | 44 |

表6.4 から，小さな効果しか見込めない場合にはサンプルサイズを 1,091 にしないと検定力 0.8 を確保できませんが，大きな効果が見込める場合には 44 あれば検定力 0.8 を確保できることがわかります．

### 6.3.4 データの収集と分析方法の計画策定に向けて

本研究の対象となる車掌は約 550 人でしたが，6 か月の調査期間中に職場の定期異動があったり，複数回の訓練にすべては参加できない車掌が出てきたりするため，全体の約 2 割はサンプルの欠落が生じると考えられました．職場単位で実験条件を割りつけるため，全体のサンプルサイズは約 440，4 つの実験条件の 1 実験条件あたりのサンプルサイズは 100 前後になることが見込まれました．その場合，心的レベルの変数に小さな効果しか見られない場合は，1 要因分散分析の検定力は低く，母集団における差を十分な精度で検出できません．

行動レベルの変数に対するカイ 2 乗検定は，研修を受ける前の目標行動の実践状況別に行われるため，研修を受ける前にどのくらいの人が目標行動をとれているのか，その目安をつける必要があります．A 鉄道会社よりやや規模の小さな B 鉄道会社の車掌を対象に映像教材の視聴効果を調べた研究（山内・菊地・村越, 2014）では，全車掌の 56％が教材視聴前に目標行動をとっていました．その値を参考にすると本研究では約 200 前後のデータにカイ 2 乗検定を適用することが見込まれます．表6.4 から，小さな効果しかない場合は検定力不足で，精度高く母集団における差を検出できない可能性が高くなることがわかります．

教育実践の観点からは，現状の改善を少しでも図ることが求められており，また，Cohen の基準の小さな効果を検出することの実質科学的な意味について先行研究などから判断することができない（小さな効果を検出する意味がないとはいい切れない）以上，サンプルサイズを増やすということも一考の価値があるように思われました．なぜなら，推定の観点から見ると効果の大きさの推定精度を高めるのに役立つからです．本研究は，4 つの実験条件間の効果の違いを調べることが大きな目的であり，検定による判断は重要ですが，実験条件の効果の大きさに関する精度の高い情報も有益です．ところが，A 鉄道会社は首都圏でも有数の規模の大きな会社であり，実際の鉄道従業員の教育の場でデータをとることを考える限り，1 社でこれより大きな規模のデータを収集することは極めて困難でした．また，複数の会社を対象にすることも考えられますが，複数の会社間で本研究が望む実験条件の統制を行うことはほぼ不可能であると判断されました．そのため

筆者は，検定力分析の結果に加え，実験条件の制御可能性などのデータ収集上の条件を考慮し，A社1社でデータをとることにしました。ただし，データ収集や分析の過程で誤差を減らしてなるべく効果を大きくするための工夫を積極的にとるようにしました。たとえば，データ収集中のサンプルの欠落を減らす工夫をすること，分析対象の変数の測定の信頼性を高めるために変数を尺度化すること，誤差を減らす分析方法を選択することなどです。以上から，下記のようなデータの収集と分析に関する計画を立てました。

### 6.3.5 研究計画

論文に記したデータの収集計画と分析計画について簡単に示します。

#### A データ収集計画

**対象者** A鉄道会社の6つの車掌職場の25歳から59歳までの543人の車掌。

**手続き** **(a) フォローアップ条件と条件の割りつけ**

映像教材を視聴する研修の受講後に4つの条件（GS：教材視聴の直後に目標設定を要請する，FB：教材の視聴前後の同僚の意識や行動の変化を視聴から3か月後に提示する，併用：GSとFBを併用する，統制：フォローアップをしない）で職場の教育担当者がフォローアップを行いました。実験条件は職場単位で無作為に割りつけました。

**(b) 実験条件の効果の測定方法**

映像教材を視聴する研修の受講者を対象に，受講の直前（直前調査），研修の直後（直後調査），研修から3か月後（3か月後調査），研修から6か月後（6か月後調査）の計4回，質問紙調査を実施しました。なお，複数回の調査によるサンプルの欠落を減らすため，記名（仮名や数字でもよい）を求めました。

**(c) 調査項目とデータ処理**

調査項目は，心的レベル6項目と行動レベル1項目，対象者特性6項目の計13項目でした。なお，心的レベルの変数である「態度」，「主観的規範」，「行動意図」は，山内（2013）で扱った項目よりもそれぞれ1項目ずつ増やし，2項目で尺度化しました。**表6.5**は調査項目の主な内容，項目数，測定回数をまとめたものです。

目標行動の実践と個人属性（年齢と業務経験年数）以外は，すべて6件法（「1：まったくあてはまらない」から「6：かなりあてはまる」）で回答を求めました。目標行動の実践度は，目標行動を含む6つの方法のなかからの択一形式で回答を

表6.5 調査項目の主な内容・項目数・測定回数

| 変数 | 項目内容 | 項目数 | 測定回数 |
|---|---|---|---|
| 心的 | 目標行動に対する態度 | 2項目 | 4回 |
| | 目標行動に対する主観的規範 | 2項目 | 4回 |
| | 目標行動に対する行動意図 | 2項目 | 4回 |
| 行動 | 目標行動の実践度 | 1項目 | 3回 |
| 対象者特性 | 顧客志向的価値の受容度 | 1項目 | 1回 |
| | 利用者のニーズに関する認知 | 1項目 | 4回 |
| | 教材視聴研修に対する評価 | 2項目 | 1回 |
| | 個人属性(年齢と業務経験年数) | 2項目 | 4回 |

注)測定回数4回は直前調査,直後調査,3か月後調査,6か月後調査を表す。測定回数の3回は直後調査以外の3つの調査,1回は直後調査のみを表す。

求めました。目標行動である回答を「1:行動する」,それ以外の回答を「0:行動しない」の2値にコーディングしました。年齢と車掌の経験年数は5年刻みで回答を求め,それらについて1から6までと1から7までの数値にそれぞれコーディングしました。

## B 分析計画
### (a) 心的レベルの変数
　暫定的な計画では,参加者間の1要因分散分析を考えましたが,誤差を減らすために,まず,対象者特性に関する6項目について実験条件間の差異を調べ,有意差が見られた場合はその変数を共変量とし,6か月後調査と直前調査の変化量を従属変数,実験条件を独立変数とする共分散分析を行うことにしました。
### (b) 行動レベルの変数
　暫定的な計画ではカイ2乗検定を考えましたが,FBとGSの効果を検定でき,より簡潔に要因の効果を判断できる角変換法(岩原,1964)による分析を行うことにしました。
　なお,角変換法とは,目標行動の実践率を角変換した角変換値を平均値のようにみなし,それに分散分析の考え方を応用して各要因の効果を検定する方法です。

その際，$F$ 分布ではなくカイ 2 乗分布が用いられます。

## 6.4 結果の振り返りと今後の展望

本節では，まず，論文で報告した分析結果を簡単に紹介します。次に，サンプルサイズの観点からの結果の振り返りの際の注意点について触れます。さらに，今後の研究に向けた信頼区間に基づくサンプルサイズ設計の実践について述べます。

### 6.4.1 論文で報告した分析結果

分析対象の変数すべてに欠損のない 427 人分のデータを分析対象としました。

#### A 心的レベルの変数

3 つの変数について 6 か月後調査と直前調査の変化量の平均と標準偏差を実験条件別に求めた結果を 表6.6 に示しました。対象者特性に関する 6 項目について実験条件間の差異を 1 要因分散分析で調べたところ，車掌の経験年数のみ有意差が見られたため，車掌の経験年数を共変量とする共分散分析を行うための前提の確認（高橋・大橋・芳賀，1989）を行いました。しかし，回帰係数の有意性が満たされていなかったため，共分散分析ではなく 1 要因分散分析を行いました。表6.6 にその結果を併記しました。態度，主観的規範，行動意図のいずれも主効果が有意

表6.6 直前調査と 6 か月後調査の変化量の平均・標準偏差と分散分析の結果

| 変数 | 実験条件 | 併用 (93) | GS (101) | FB (98) | 統制 (135) | 検定結果 | 多重比較 |
|---|---|---|---|---|---|---|---|
| 態度 | $M$ | 0.12 | 0.31 | 0.38 | 0.04 | $F(3, 423) = 3.48, p < 0.05$ | 統制 < FB（5%） |
| | $SD$ | 0.77 | 0.89 | 0.86 | 1.01 | $\hat{\eta}^2_{adj} = 0.02$ (95% CI[0, 0.05]) | 統制 < GS（10%） |
| 主観的規範 | $M$ | 0.48 | 0.62 | 0.59 | 0.23 | $F(3, 423) = 4.00, p < 0.01$ | 統制 < FB（5%） |
| | $SD$ | 1.00 | 1.00 | 0.94 | 1.00 | $\hat{\eta}^2_{adj} = 0.02$ (95% CI[0, 0.06]) | 統制 < GS（5%） |
| 行動意図 | $M$ | 0.45 | 0.63 | 0.60 | 0.29 | $F(3, 423) = 2.86, p < 0.05$ | 統制 < FB（5%） |
| | $SD$ | 0.99 | 0.94 | 1.05 | 0.98 | $\hat{\eta}^2_{adj} = 0.01$ (95% CI[0, 0.05]) | 統制 < GS（5%） |

注）表中の括弧内の数値は $n$ を表す。

となり,多重比較では3変数とも統制とFBの間,統制とGSの間にそれぞれ有意差が見られ,FBやGSは目標行動を規定すると考えられる3つの心的変数を促進する効果が高いことが示唆されました。また,各変数について標本効果量として自由度調整済みの決定係数$\hat{\eta}^2_{adj}$とその95％信頼区間を 表6.6 に併記しました。**効果量の信頼区間**を求めることは,本研究から得られた結果と整合的な母数の値の範囲を知ることができるため,その広さや狭さを考慮に入れて結果を解釈できるという利点があります。これは検定では得られない貴重な情報です。なお,論文中に効果量として$f$ではなく決定係数$\eta^2$の推定値を記載したのは$\eta^2$のほうが**分散説明率**(第2章参照)という統一的な観点からの解釈が可能であり,論文に報告されることが多いこと(南風原,2014)を考慮しました。また,標本決定係数$\hat{\eta}^2$は母集団決定係数$\eta^2$を過大推定する傾向があるため,$\hat{\eta}^2_{adj}$を報告することが推奨されています(南風原,2014)。

効果量の$f$と$\eta^2$の対応は,Cohen(1988)の表から$\eta^2 = 0.009$(「小」効果量),0.058(「中」効果量),0.137(「大」効果量)となります。この基準に照らすと,表6.6 の$\hat{\eta}^2_{adj}$の95％信頼区間の値は小から中の効果の範囲に広がっており,推定精度という点では必ずしも高くはないことがわかります。

## B 行動レベルの変数

直前調査での目標行動の実践状況別に,6か月調査で目標行動をとっていた人の比率(目標行動の実践率)と,その角変換値を求めた結果を 表6.7 に示しました。目標行動の実践率について「GSの有無」と「FBの有無」の2要因で角変換法により検討した結果,直前調査の目標行動の実践状況にかかわらず,FBの主効果が有意(5％水準)で,GSの主効果と交互作用効果は有意ではありませんでし

**表6.7** 直前調査の目標行動の実践状況別に見た目標行動の実践率と角変換値

| 実験条件 | 直前調査の目標行動 | | | | | |
|---|---|---|---|---|---|---|
| | 行動しない | | | 行動する | | |
| | $n$ | 比率 | 角変換値 | $n$ | 比率 | 角変換値 |
| 併用 | 39 | 0.67 | 54.94 | 54 | 0.91 | 72.54 |
| GS | 36 | 0.53 | 46.72 | 65 | 0.85 | 67.21 |
| FB | 49 | 0.65 | 53.73 | 49 | 0.90 | 71.56 |
| 統制 | 61 | 0.46 | 42.71 | 74 | 0.70 | 56.79 |

た。これらから，本研究で実施した FB によるフォローアップは目標行動の実践率を高める可能性が高いことが明らかになりました。そこで目標行動の促進効果が高いと考えられる FB の効果の大きさをより明確に把握するため，6 か月後調査の実践率と統制条件の実践率の差を求めました。直前調査で「行動する」を選択した人における FB 条件と統制条件の間の実践率の差は 0.20（95%CI[0.07, 0.33]）であり，直前調査で「行動しない」を選択した人におけるそれは 0.19（95%CI[0.01, 0.37]）でした。どちらも信頼区間の幅は広めで，推定の精度としては必ずしも高いとはいえないことがわかります。

### 6.4.2 サンプルサイズの観点から結果を振り返る際の注意点

　サンプルサイズ設計の際，行動レベルの変数の分析方法として最初に想定したのはカイ 2 乗検定でした。収集したデータにカイ 2 乗検定を行った結果を 表6.8 に示しました。表から，直前調査で行動するを選択した人の分析は 5％水準で有意ですが，直前調査で行動しないを選択した人の分析は有意でないことがわかります。このように「有意でない」結果が得られた場合に，それが検定力の低さが原因である可能性を診断する目的で「事後の検定力分析」（**事後分析**）が行われることがあります。事後の検定力分析とは，すでに結果が出ている検定の検定力を調べるために行われます。測定結果に基づく検定力は，**観察検定力**と呼ばれます。Hoenig & Heisey（2001）によると，社会科学分野の 19 のジャーナルが「有意差なし」の結果に対して事後の検定力分析を求めていることを報告しています。このような要求は，有意でない結果が，第 2 種の誤りではないことを議論するためと考えられます。しかし，この目的のために観察検定力を求めても，役に立つ情報はほとんど得られません（Hoenig & Heisey, 2001）。

　観察検定力と $p$ 値の間には直接の対応関係があります。$p$ 値が小さな値（たと

**表6.8** カイ 2 乗検定の結果，標本効果量，観察検定力（有意水準 5％の場合）

|  | 直前調査の目標行動の実践状況 | |
|---|---|---|
|  | 行動しない（$n = 185$） | 行動する（$n = 242$） |
| 検定結果 | $\chi^2(3) = 6.18, \ p = 0.103$ | $\chi^2(3) = 12.29, \ p = 0.006$ |
| 標本効果量 $\hat{\omega}$ | 0.18 | 0.23 |
| 観察検定力 | 0.52 | 0.87 |

えば，$p<0.001$）をとるほど観察検定力は1に近づき，反対に大きな値をとるほど下がるという関係があります。そのため，有意になった場合は，観察検定力は高く，有意にならなかった場合は低くなります。したがって，「有意な結果が得られたのに，検定力が極端に低かった」という状況は起こり得ません。また，$p$値が0.05，すなわち，ギリギリで有意になるようなデータに対応する観察検定力の値はサンプルサイズにかかわらず0.5程度になります（大久保・岡田，2012）。南風原（1997）は，1要因の分散分析とカイ2乗検定について，モーメント法により非心度を推定した場合の$p$値が0.05に対応する観察検定力の値を，自由度を系統的に変化させて計算しています。その結果，自由度が大きくなるほど（1要因分散分析では分子の自由度が大きくなるほど），すなわち，非心分布が対称な分布に近づくほど，$p$値が0.05に対応する観察検定力がサンプルサイズにほとんど影響を受けずに0.5に近づいていくことを示しています。つまり，ギリギリで有意となるようなデータの観察検定力はサンプルサイズにかかわらず2分の1程度になります。したがって，「有意でない」結果を第2種の誤りではないとサンプルサイズから論じることは，観察検定力を用いる限り困難です。

　上記のカイ2乗検定の観察検定力を計算した結果を 表6.8 に併記しました。表から，有意な結果が得られなかった場合の観察検定力は0.52で，有意な結果を得た場合の観察検定力の0.87に比べ，低い値になっていることがわかります。これらから，「観察検定力が低かったために，有意にならなかった」という解釈はできません。繰り返しになりますが，有意でないということは，観察検定力の値が0.5程度以上にはならないということだからです。なお，カイ2乗検定の観察検定力は，標本効果量 $\hat{\omega}$（$=\sqrt{\chi^2/N}$），有意水準，サンプルサイズを定めると計算できます。標本効果量の値は，直前調査で行動しないを選択した人では0.18，直前調査で行動するを選択した人では0.23でした。有意水準を5%とした場合の観察検定力は下記のRのプログラムで計算できます。なお，以上の観察検定力を巡る問題点については第1章も参照してください。

```
library(pwr)    # pwr パッケージの読み込み
pwr.chisq.test(w = 0.23, N = 242, df = (4-1)*(2-1), sig.level = 0.05)
# 直前調査で"行動する"を選択した人の場合の効果量 w，サンプルサイズ N，
# 自由度 df，有意水準 sig.level
```

### 6.4.3 信頼区間に基づくサンプルサイズ設計

本研究からFB条件の有効性が高い可能性が示されたため，今後の課題はFB条件の効果をさらに高める工夫について検討することが考えられます。具体的には，

① フィードバックする資料に示したデータから読みとってもらいたい内容を文章で明記する

② フィードバックする資料に示したデータについて同僚や上司と意見交換するなどの効果について検討することが考えられます。本研究のFB条件では，「目標行動をとることは利用者から望まれていると思う人の割合が87％から96％に増えた」や「映像教材を見る前と見た後では，目標行動を実践しようと思った人の割合が69％から92％に増えた」などのように，客観的データが複数フィードバックされています。しかし，これらの客観的な数値から何を読みとってもらいたいのかを読み手に委ねてしまっていたため，受け手によって解釈がばらつき，受け手にとって都合のよい解釈がされ，目標行動の実践につながらない人が出てくる恐れがあります。そうした解釈のばらつきを減らすために，解釈の方向性を示したり（上記の工夫①），上司や仲間との意見交換のなかで解釈を調整したり（上記の工夫②）することが考えられます。このようなFB条件のより絞り込んだリサーチクエスチョンに対する検討を行う際には，たとえば，今回のFB条件と比べ，工夫②を行った場合に目標行動の実践率がより高くなるかを2群の比率の差の検定で調べることが考えられます。2群の比率の差の検定に必要なサンプルサイズを見積もる方法として，検定力分析以外にも**信頼区間に基づくサンプルサイズ設計**があります。石井（2005）では，2群の比率の予測値と信頼区間の幅を定めて必要なサンプルサイズを求めます。本研究の結果からFB条件の目標行動の実践率は，控えめに見積もった場合，教材視聴前に目標行動がとれていなかった群の0.65になりますので，2つの比率の予測として0.7と0.7（工夫②ではFB条件と同等かそれ以上となることが予想されるため）とします。また，95％信頼区間の幅は本研究で求めた統制条件とFB条件の目標行動の実践率の差の信頼区間の幅を参考に，その約半分の0.15にすると，必要なサンプルサイズは各群70で合計140となります。したがって，今後，実践の場でデータを収集する場合には，本研究よりも少ないサンプルサイズで済むことがわかります。このようにサンプルサイズに関する目安が立てられると，今後の研究協力を求める相手（鉄道会社など）を選ぶ指針が得られ，研究をより効率的に進めることができます。

## 6.5 おわりに

　本章では，まず，社会心理学の領域における研究のサンプルサイズとサンプルサイズ設計の実態について述べました。そして，社会心理学の研究で行われるアクションリサーチによる実践研究として，筆者の行った研究を例に，サンプルサイズ設計の実践を示しました。さらに，サンプルサイズの観点からの結果の振り返りに関連して観察検定力の解釈に関する注意点に触れました。最後に，今後の研究に向けた信頼区間に基づくサンプルサイズ設計の実践について述べました。

　アクションリサーチのような実践研究では，さまざまな現実的な制約のために，収集するサンプルサイズや研究デザインを研究者が自由に選択できないことがあります。そのため，検定力分析などから求められるサンプルサイズを十分に確保できない場合も決して少なくありません。しかし，だからといって事前のサンプルサイズの設計が不要であるわけではありません。本章で示した研究例のように，サンプルサイズの設計により，差を十分な精度で検出できない可能性が事前にわかれば，データの収集計画を見直したり，測定誤差を減らす工夫を考えたり，分析方法を再考したりするなどの措置を講じることができます。

　サンプルサイズの設計で重要なことは，検定力分析や信頼区間に基づいた計算結果のみを重視するのではなく，研究を取り巻く現実的なさまざまな制約をも考慮し，より妥当な研究計画の策定につなげていくことだと考えます。そして，複数の観点を考慮したサンプルサイズの設計について，論文の方法のなかに，簡潔，かつ，十分に記述することが重要でしょう。そのためには，個々の研究者がサンプルサイズ設計の重要性を認識するだけではなく，研究者コミュニティにおいてもそれを受容し，推奨する文化を積極的に醸成していくことも必要です（第4章参照）。また，検定力分析などのサンプルサイズの設計に求められる統計知識を学ぶための心理統計教育の充実も課題となるでしょう。

# 第7章 発達心理学・教育心理学研究におけるサンプルサイズ設計

■ 宇佐美慧

　本章では，個人単位ではなく，学校や病院などの集団単位でデータのサンプリングを行うことが多い発達心理学・教育心理学領域の実験研究において，群間の平均値差の有無を調べる場合のサンプルサイズ設計の方法について説明します。

## 7.1　階層データとサンプルサイズ設計

### 7.1.1　階層データとは

　生徒の教科学力や学習への動機づけを高めるための新しい指導法（以下，新指導法）を考案し，従来の指導法（以下，旧指導法）と比較して新指導法が優れているかどうかを調べたいとします。そして，全国の高校に研究への参加を依頼し，協力校に通う生徒たちを対象に新指導法または旧指導法のいずれかによる授業を実験的に行い，授業後に行った学力テストの点数についての群間の平均値差を通して新指導法の効果を調べたいとします。この例のように，心理学のなかでも，とりわけ発達心理学や教育心理学研究では，個人ではなく，学校や病院などの集団単位でデータのサンプリングを最初に行うことは多くあります。その理由の1つとして，個々人ではなく集団に対して研究への協力を依頼するほうがデータを収集するうえで現実的であることが多く，また一度にまとまったサンプルサイズを確保できる利点もあるからです。このようなサンプリングは二段抽出と呼ばれますが，これは統計的方法の多くが一般に仮定しているような，個人単位でランダムにデータをサンプリングする無作為抽出とは明らかに違います（図7.1）。

　図7.1（b）のように，サンプリングされた個人（生徒）のデータが，上位の抽出単位である集団（学校）にネストされている（＝入れ子構造になっている）とき（第4章参照），得られたデータを階層データ（hierarchical data; Raudenbush & Bryk, 2002）と呼びます。ここでは，階層データの例として生徒－学校の関係を挙げましたが，ほかにも，患者－病院，市民－地域なども例として考えること

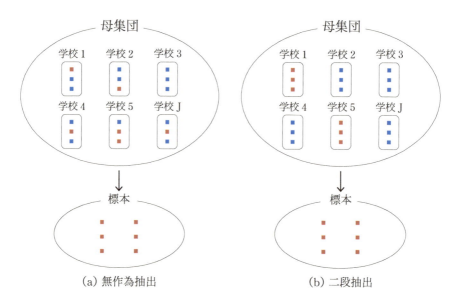

**図7.1** 無作為抽出により得られたデータと，二段抽出により得られた階層データの対比（赤色の点{個人}がサンプリングされたことを意味する）。

ができます。さらに，複数の個人を追跡することで継続的に収集されるデータである縦断データ（longitudinal data; 宇佐美・荘島, 2015）も，各時点のデータが各個人にネストしているととらえれば階層データと見ることができます。これらの例からも予想できるように，階層データは，心理学はもちろんのこと，経済学や疫学など，ほかのさまざまな分野のデータにおいても見ることができます。

### 7.1.2 階層データにおけるサンプルサイズ設計

本章では，このような階層データに基づいて群間の平均値差の有無を調べる場合のサンプルサイズ設計について，宇佐美（2011）で提案された手続きに基づいて，特に実験的な状況を想定して説明します。以下に見るように，階層データにおけるサンプルサイズ設計の特徴として，全体のサンプルサイズではなく，集団の数や（各集団内の）個人の数をそれぞれ考える必要があるという点が挙げられます。階層データのためのサンプルサイズ設計の研究は国内外で以前からあり（Dong & Maynard, 2013; Konstantopoulos, 2008; 栗田, 1996; 奥村, 2008; Raudenbush, 1997; Spybrook, Hedges, & Borenstein, 2014; 宇佐美, 2011; Usami, 2014），また

医学・疫学の領域でも独自の発展を遂げてきた経緯があります（たとえば，Heo & Leon, 2008 や Usami, 2014 内の文献を参照のこと）。しかし，検定力分析自体が日本の心理学研究においてまだ十分に浸透していないという事情に加え，前述のように集団と個人の両方の数を考慮しなくてはならないという推計の手続きの複雑性もあわさって，階層データを扱う研究において実際にサンプルサイズの推計をした事例は国内では非常に限られているといってよいでしょう。

## 7.2 サンプルサイズ設計の方法

### 7.2.1 2つのデータ収集デザイン

さて，冒頭で挙げた階層データを扱う研究例において，生徒を新指導法群と旧指導法群のいずれかに実験的に割り当てる方法には大きく分けて2つあります。図7.2 はこの2つの方法の違いを説明するための図です。1つが，Multisite Randomized Trials（MRT）型データ収集デザイン（以下，MRT）と呼ばれる方法であり，実験群（新指導法群）・統制群（旧指導法群）への群の割り当てが個人（生徒）単位でランダムに決定されます。つまり，各学校内の生徒はそれぞれ実験群か統制群のいずれかにランダムに配置されます。

一方で，もう1つの代表的な方法である，Cluster Randomized Trials（CRT）

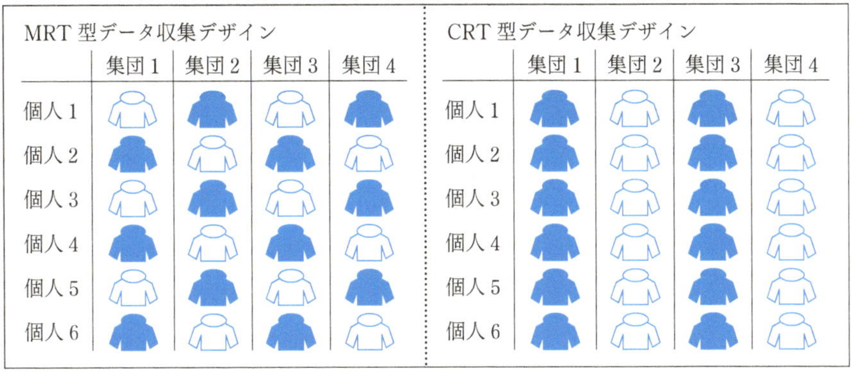

図7.2 各データ収集デザインにおける割り当ての例（宇佐美，2011, p.386, Figure 1; 集団数 $J = 4$，各集団に所属する個人の数が $n = 6$ の計24人の場合）。 および  は実験群・統制群への割り当てをそれぞれ意味する。

型データ収集デザイン（以下，CRT）とは，実験群・統制群への群の割り当てが，個人単位でなく集団単位でランダムに決定されます（第5章参照）。つまり，各学校はそれぞれランダムに実験群と統制群のいずれかに配置されます[*]。そのため，図7.2 右では，各学校内の生徒は，すべて実験群に配置されているか，あるいはすべて統制群に配置されています。

### 7.2.2 各データ収集デザインの利点と欠点

　これら2つのデザインには研究を進めるうえでの特徴がそれぞれにあり，実際の研究においては，その目的や現実的な制約を踏まえてデザインが選択されます。たとえば，今の例のように，望ましいと考えられる学習プログラムを受けることができるかできないかを決定する群の割り当てにおいては，同じ高校に通う特定の生徒のみが実験群に配置されることはあまり望ましいことではないかもしれません。CRTの場合，集団単位で群の割り当てが決まりますので，このような意味での不公平性は生じにくく，また結果として研究への協力可能性も高まると考えられます。加えて，たとえば研究者が現地の高校に直接出向いて授業をする場合など，各集団（学校）内で研究を実施する場合，旧指導法と新指導法に基づく計2回分の授業をするのに比べれば，一方の指導法のみを実施するほうが簡便です。それによって経済的・時間的コストが小さくなることが期待されるため，このような意味でもCRTには利点があります。

　しかし，CRTには，指導法の効果を表す，群間の平均値差を推定するうえで大きな欠点があります。このことを理解するためには，階層データであるということは，各集団内の個人のデータが独立ではないという事実を踏まえる必要があります。たとえば，今，高校生を対象とした例を考えていますが，高校というのはある程度は学力を基準にして層化された集団と考えることができますので，ある生徒の学力（データ）と所属する高校がわかれば，同じ高校に所属する別の生徒の学力（データ）についても，完全でなくともある程度の予想が可能だと想像で

---

[*] CRTは階層デザイン（hierarchical design：HD），またMRTはランダムブロックデザイン・乱塊法（randomized blocked design：RBD）と呼ばれることもあります。本章は生徒－学校，患者－病院のような階層数が2の場合に限って説明していますが，仮に階層数が生徒－学校－地域のように3以上の場合，CRT・HDという用語は，最も上位の階層（この場合，地域）を基準にして群への割り当てが行われる状況を指します。逆に，MRT・RBDという用語は，それ以外の階層を基準にする場合を指します。このような用語の整理については，Spybrook et al.（2014）が参考になります。

きるでしょう。このことは，階層データにおいては，各集団内の個人のデータは互いに独立ではなく，情報の重複があることを意味します。無作為抽出によって得たデータなら，各個人のデータの情報はほかのデータとは無関係でありわからない（＝独立である）という状況にありますが，階層データはこれとは大きく状況が異なることがわかります。

現実的に，実際に研究に協力をしてくれる高校（集団）の数には限りがあります。また，上述のように学校はある程度は学力を基準に層化してできた集団と考えられます。これらを踏まえると，集団単位で群の割り当てを行う CRT では，特に集団数が限られている場合，たまたま各群に割り当てられた各学校内の生徒の平均的な学力の違いを反映して，実験を実施する前から群間で学力差が生じてしまいやすくなります。そのため，仮に，実験群と統制群の間で学力テストの得点に差があったとしても，これが教授法の違い（＝実験効果）を反映しているのか，それとももともとある実験群と統制群の間の学力差なのか，区別しにくくなります。この点を反映した結果，CRT では，群間の平均値差を推定するうえでその標準誤差が大きくなるため，群間差を検出しにくくなる，すなわち検定力が低くなるという欠点があります。

MRT は，CRT とは逆の特徴をもっています。すなわち，現実的には実施がしにくく，経済的・時間的コストが大きくなる可能性もありますが，一般に CRT よりも群間差の推定値の標準誤差が小さくなり，差を検出しやすくなります（この点は，後の節で具体的に示します）。したがって，現実的に実施が可能であり，コストの問題が特に生じないようであれば，MRT を選択することが望ましいです。これまで述べた点を踏まえた 2 つのデザインの違いは 表7.1 にまとめてあります。以下の項では，これらの違いを踏まえながら，各データ収集デザインにおける，サンプルサイズ設計のための具体的な方法について説明します。

### 7.2.3　階層線形モデルと各データ収集デザインとの関係

階層データを扱うための統計モデルに階層線形モデル（hierarchical linear model：ただし，「マルチレベルモデル（multilevel model）」や「ランダム効果モデル（random effects model）」などとも呼ばれます）があります。以下では，宇佐美（2011）に沿って，階層線形モデルに基づいて群間の平均値差を調べる手続きを説明します。一般的に，$Y_{ij}$ を $j$（1, 2, $\cdots$, $J$）番目の集団における $i$（1, 2, $\cdots$, $n$）番目の個人に関する測定値（データ）とします。階層線形モデルを用いて，$Y_{ij}$

**表7.1** MRT と CRT の比較

| | MRT | CRT |
|---|---|---|
| 概要 | 各集団内の個人が各群にランダムに配置される。 | 集団単位で各群にランダムに配置される。 |
| 手続きの特徴 | ・研究実施上の制約を伴いやすく，また研究への協力が得られにくい場合がある。<br>・群間の平均値差の推定値の標準誤差が相対的に小さくなり，群間差が検出しやすい（検定力が高くなる）。 | ・とりわけ各集団内で研究を実施する場合では，コストを抑えられる。<br>・集団内の各個人の群への割り当てに不公平が生じにくいため，研究への協力が得られやすい場合がある。<br>・群間の平均値差の推定値の標準誤差が相対的に大きくなり，群間差が検出しにくい（検定力が低くなる）。 |
| 階層線形モデル（ランダム切片モデル） | $Y_{ij} = \beta_{j0} + \delta_m X_{ij} + e_{ij},$ $\beta_{j0} = \beta_0 + u_{j0}$ | $Y_{ij} = \beta_{j0} + \delta_c X_j + e_{ij},$ $\beta_{j0} = \beta_0 + u_{j0}$ |
| 群間差 $\delta$ の標準誤差 | $se(\hat{\delta}_m) = \sigma\sqrt{\dfrac{4(1-\rho)}{nJ}}$ | $se(\hat{\delta}_C) = \sigma\sqrt{\dfrac{4[\rho(n-1)+1]}{nJ}}$ |
| 標準誤差についての補足 | ・級内相関 $\rho$ の違いが標準誤差に与える影響が相対的に小さい。<br>・合計のサンプルサイズ $N = nJ$ が同じならば標準誤差は同じ。 | ・級内相関 $\rho$ の違いが標準誤差に与える影響が相対的に大きい。<br>・合計のサンプルサイズ $N = nJ$ が同じでも，集団の数 $J$ が大きいほうが標準誤差は小さい。 |
| 望まれる検定力 $\phi$ を得るために必要なサンプルサイズ | $nJ > \dfrac{4(z_{1-\alpha/2} + z_\phi)^2(1-\rho)}{\Delta^2}$ | $n > \dfrac{4(z_{1-\alpha/2} + z_\phi)^2(1-\rho)}{\Delta^2 J - 4(z_{1-\alpha/2} + z_\phi)^2 \rho}$<br>$J > \dfrac{4[\rho(n-1)+1](z_{1-\alpha/2} + z_\phi)^2}{\Delta^2 n}$ |
| 望まれる信頼区間幅 $L$ を得るために必要なサンプルサイズ | $nJ > \dfrac{16z_{1-\alpha/2}^2(1-\rho)}{L^2}$ | $n > \dfrac{16z_{1-\alpha/2}^2(1-\rho)}{L^2 J - 16z_{1-\alpha/2}^2 \rho}$<br>$J > \dfrac{16z_{1-\alpha/2}^2[\rho(n-1)+1]}{L^2 n}$ |

$n$…各集団内の個人の数，$J$…集団の数，$\alpha$…有意水準，$\rho$…級内相関，$\Delta$…効果量，$\phi$…望まれる検定力，$L$…望まれる信頼区間幅，$\sigma$…各群内のデータの標準偏差

に対して以下のモデル：

$$Y_{ij} = \beta_{j0} + \delta X_{ij} + e_{ij} \tag{7.1}$$

を考えます。$X_{ij}$ は群の割り当てを表す2値変数であり，たとえば実験群に割り当てられている個人には 0.5 を，統制群の場合には $-0.5$ を付与する形でコーディングされます。このようなコーディングは**エフェクトコーディング**（effect coding）と呼ばれます。したがって，実験群・統制群に割り当てられている個人のモデルは，それぞれ $\beta_{j0} + 0.5\delta + e_{ij}$，$\beta_{j0} - 0.5\delta + e_{ij}$ となります。この2つの式の差をとればちょうど $\delta$ になることからもわかるように，$\delta$ は2群間の平均値差，今の文脈では新指導法の効果（実験効果）の大きさを表す母数となります。なお，CRTでは，各集団内の個人がすべて同じ群に割り当てられることから，$X_{ij}$ は本質的に，$X_{ij} = X_j$ のように所属する集団の情報（$j$）のみで表現できます。

$\beta_{j0}$ は集団 $j$ における切片の大きさを表す母数です。そして，$e_{ij}$ は $X_{ij}$ とは独立な残差を表し，$e_{ij} \sim N(0, \sigma_1^2)$ が仮定されています。ここで，$\sigma_1^2$ は個人レベルの残差分散であり，同一集団内における $Y_{ij}$ の個人差の大きさを反映します。

ここまでは，見かけ上は単回帰モデルに類似していますが，階層線形モデルでは，切片 $\beta_{j0}$ についてさらに，

$$\beta_{j0} = \beta_0 + u_{j0} \tag{7.2}$$

のように分解します。ここで，$\beta_0$ は $Y_{ij}$ の全平均を表す母数であり[*]，$u_{j0}$ は $e_{ij}$ および $X_{ij}$ とは独立な残差で，$u_{j0} \sim N(0, \sigma_0^2)$ が仮定されます。ここで，$\sigma_0^2$ は $Y_{ij}$ の集団間差の大きさを反映します。このように階層線形モデルでは，（各群の）$Y_{ij}$ の平均が集団間で異なることを仮定し，そしてその集団間差の大きさを $\sigma_0^2$ で表します。

$\sigma_0^2$ を含めることが通常の回帰分析とは最も大きく異なる点であり，これにより，各集団内のデータが独立でないこと（つまり，ある集団に所属する個人の $Y_{ij}$ の大きさがわかれば，同じ集団に所属する別の個人の $Y_{ij}$ の大きさも，完全ではないが予想できること）が表現できます。逆にいえば，もし二段抽出して得た階層データに対して，集団差を考えない通常の回帰分析を適用した（つまり $\sigma_0^2 = 0$ と誤って仮定した）場合，本来存在する同一集団内のデータの情報の重複を無

---

[*] 正確には，各集団における個人の数が等しいときに，切片の平均が全平均に一致するためにこのような解釈ができます。

視していることになり，群間差 $\delta$ の推定値の標準誤差の過少推定につながります。これにより，実際には群間差がないにもかかわらずそれを誤ってあると判断してしまう第1種の誤りの確率が，名目上の設定値（たとえば，5％）よりも上がってしまいます。

同一集団内のデータの重複度を表現する指標として，**級内相関**（intraclass correlation：ICC）があります。級内相関は，

$$\rho = \frac{\sigma_0^2}{\sigma^2} = \frac{\sigma_0^2}{\sigma_1^2 + \sigma_0^2} \tag{7.3}$$

で表されます。分母の $\sigma^2 = \sigma_1^2 + \sigma_0^2$ は，「各群のデータ ($Y_{ij}$) の分散 ＝ 集団内の分散 ＋ 集団間の分散」を表しています。そのため，級内相関 $\rho$ は，各群の分散における，集団の違いで説明できる分散の割合を表している指標といえ，その値が大きいほど集団間差が大きいといえます。級内相関 $\rho$ は絶対的な指標ですが，集団間差の大きさの目安として，0.05 を小，0.10 を中，0.15 を大とする基準があります（e.g., Raudenbush & Liu, 2000）。しかし，これはあくまで1つの目安であり，このような基準を機械的に利用することは控えるべきでしょう。また，今の場合のように学校を抽出単位としたサンプリングを行って学力に関するデータを分析する場合は，比較的大きな級内相関が観察されることも珍しくないと考えられます。

また，群間の平均値差を表す $\delta$ は，式（7.1）を見るとわかるように本質的には回帰係数です。その大きさを測定の単位に依存せず絶対的な観点から評価するためには，標準化を行う必要があります。そこで，先の各群内のデータの分散の平方根（$\sigma$；つまり，標準偏差）を利用した，

$$\Delta = \frac{\delta}{\sigma} \tag{7.4}$$

を群間差の効果量の指標とします。この指標は，群間の平均値差に対して（群間で共通の）標準偏差で割っていることから，2つの群間の母平均値差の有無を $t$ 検定で検定する場合に利用する効果量（**標準化された平均値差**：第2章参照）と同じ意味をもちます。そのため，効果量 $\Delta$ の大きさの慣例的な目安としては，0.20 を小, 0.50 を中, 0.80 を大として考えることができます（Cohen, 1988）。もちろん，これらの値は先の級内相関 $\rho$ の場合と同様，いくぶん恣意的ではあり，機械的な使用は避けるべきですが，1つの目安として利用できます。

**図7.3** 階層データを用いた研究におけるサンプルサイズ設計のイメージ図

前述のように,階層データにおいては集団内のデータの重複度を反映する級内相関 $\rho$ を考慮する必要があります。したがって,第 2 章で見たように,一般に,サンプルサイズ設計の際は有意水準,効果量,望まれる検定力(あるいは信頼区間幅)の設定が必要ですが,階層データの場合級内相関 $\rho$ の大きさも考慮する必要があるという点で手続きがより複雑になります(**図7.3**)。

### 7.2.4 各データ収集デザインにおける群間の平均値差の推定値の標準誤差

群間の平均値差の有無(つまり $H_0: \delta = 0$)を検定するために,以下の検定統計量

$$z = \frac{\hat{\delta}}{se(\hat{\delta})} \tag{7.5}$$

を用います。$se(\hat{\delta})$ は群間差 $\delta$ の推定量 $\hat{\delta}$(すなわち群間の標本平均値差)に関する標準誤差を表します。検定統計量 $z$ は,級内相関 $\rho$ が既知であるとき,正規分布に従います。このとき,$se(\hat{\delta})$ の大きさは,MRT の場合(これを $se(\hat{\delta}_m)$ とします)は,

$$se(\hat{\delta}_m) = \sigma\sqrt{\frac{4(1-\rho)}{nJ}} \tag{7.6}$$

と導くことができます。この式から,検定統計量 $z$ は,合計のサンプルサイズ($nJ$)および効果量 $\Delta$($=\delta/\sigma$)のほかに,級内相関 $\rho$ にも依存することがわかります。さらに,この式から,級内相関 $\rho$ は,その値が大きいほど $se(\hat{\delta}_m)$ が小さくなり,式(7.5)から検定統計量 $z$ の値が大きくなること,つまり検定力が高くなり,群間差を検出しやすくなることもわかります。このことは,MRT の場合

は各集団内の個人が各群に振り分けられるので，集団差が大きい，すなわち級内相関 $\rho$ が高いほど，群間の等質性が高まりやすくなることに関係します。たとえば，独立なデータにおいて母平均値差を検定する通常の $t$ 検定においても，独立な 2 群の場合で検定するよりも，ランダムブロックデザインを利用して群間の等質性を高めたほうが検定力が高くなりますが（南風原, 2002），このことと同じ原理が MRT で働いていると考えることができます。

一方で，CRT のもとでは，$se(\hat{\delta})$ の大きさ（これを $se(\hat{\delta}_C)$ とします）は，

$$se(\hat{\delta}_C) = \sigma\sqrt{\frac{4[\rho(n-1)+1]}{nJ}} \tag{7.7}$$

と導くことができます。MRT の場合の結果と比較すると，さまざまな相違点がわかります。たとえば，MRT とは異なり，合計のサンプルサイズ $N = nJ$ が一定であっても，$n$ と $J$ それぞれが異なる影響力をもつために，$n$ と $J$ の値が変われば $se(\hat{\delta}_C)$ も変化することがわかります。ほかにも，MRT の場合とは異なり，級内相関 $\rho$ はその値が大きいほど $se(\hat{\delta}_C)$ が大きくなるため，検定統計量 $z$ が小さくなり検定力も相対的に小さくなります。つまり，CRT では高い級内相関は一般に望ましいことではありません。これは，7.2.2 項で見たように，CRT では集団単位で群の割り当てがされるために，集団間差が大きく $\rho$ が大きいほど，群間の等質性が満たされにくいことを反映しています。

**図7.4** は異なる $n$，$J$ の組において級内相関 $\rho$ を変えたときの $se(\hat{\delta}_m)$，$se(\hat{\delta}_C)$ の推移を示しており，$\rho$ と標準誤差の関係を見ることができます。たとえば，$\rho$ が大きくなるにつれて，$se(\hat{\delta}_C)$ は大きくなる一方，$se(\hat{\delta}_m)$ は逆に小さくなります。また，その変化の大きさは $se(\hat{\delta}_C)$ のほうが明らかに大きく，このことにより，後で述べるように，特に $\rho$ の設定の正確性が CRT において重要になります。

また，MRT では，式（7.6）を見てもわかるように，合計のサンプルサイズ $N = nJ$ が固定されれば，個々の $n$，$J$ の組合せの如何は標準誤差と無関係です。さらに，CRT では同じ合計のサンプルサイズでも，個人の数（$n$）よりも集団の数（$J$）が大きいほうが標準誤差が小さくなり望ましいことが見てとれます。

さらに，2 つのデザイン間で成り立つ重要な関係があります。式（7.6），（7.7）の分母を見比べると，

$$se(\hat{\delta}_C) \geqq se(\hat{\delta}_m) \tag{7.8}$$

の関係を示すことができます。このことは，実際に **図7.4** で同じ合計のサンプル

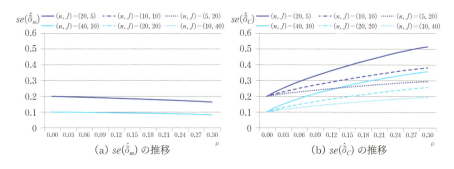

**図7.4** 異なるサンプルサイズ・級内相関 $\rho$ 別の $se(\hat{\delta}_m)$, $se(\hat{\delta}_C)$ の推移
*(a) の図では，合計のサンプルサイズ $N = nJ$ が等しい曲線どうしは重なる。

サイズ（$nJ = 100$ および $nJ = 400$）の条件の結果，つまり紺色の曲線どうし，および水色の曲線どうしをそれぞれ比べてみるとわかります。したがって，$\rho = 0$ でない限りは，つまり集団間差が少しでも存在すれば，CRT のほうが MRT よりも群間差の推定値の標準誤差が常に大きくなってしまい，その結果，検定力が相対的に低くなります。そのため，上述のように，実施が可能であれば，階層データに基づいて群間の平均値差の比較を行う場合，MRT を選ぶことが望ましいといえるでしょう。

### 7.2.5 検定力に基づくサンプルサイズ設計

ここでは，有意水準 $\alpha$ の両側検定に基づき，帰無仮説 $\mathrm{H}_0 : \delta = 0$ の検定を式 (7.5) の検定統計量 $z$ を用いて行う状況を考えます。式 (7.6)，(7.7) で示したデザイン別の標準誤差の式を使うことで，一定の検定力 $\varphi$ を得るために必要なサンプルサイズの推定式を得ることができます（導出については，宇佐美，2011; Usami, 2014 を参照のこと）。具体的に，研究で予想される効果量が $\Delta$ で級内相関が $\rho$ であれば，一定の検定力 $\varphi$ を得るために必要な合計のサンプルサイズ $N = nJ$ の下限は，MRT の場合，

$$nJ > \frac{4(z_{1-\alpha/2} + z_\phi)^2(1-\rho)}{\Delta^2} \tag{7.9}$$

で計算することができます。ここで $z_{\alpha^*}$ は標準正規分布における $100\alpha^*$ %点を意味します。たとえば，$\alpha$ が 0.05 であれば，$z_{1-\alpha/2} = z_{0.975} = 1.9599$ です。先に見たよ

うに，MRT の場合，合計のサンプルサイズ $N = nJ$ がわかれば一定の標準誤差を与えるので，推定式も合計のサンプルサイズに基づいて考えることができます。式（7.9）を見るとわかるように，級内相関 $\rho$ が大きいほど，必要な（合計の）サンプルサイズが小さくなります。また，効果量 $\Delta$ も，その値が大きいほど必要なサンプルサイズが小さくなります。また有意水準 $\alpha$ はその値が大きいほど，さらに望まれる検定力 $\varphi$ についてはそれが小さいほど，必要なサンプルサイズが小さくなります。

　一方，CRT の場合における同様の式は，

$$n > \frac{4(z_{1-\alpha/2} + z_\phi)^2(1-\rho)}{\Delta^2 J - 4(z_{1-\alpha/2} + z_\phi)^2 \rho} \tag{7.10}$$

$$J > \frac{4[\rho(n-1) + 1](z_{1-\alpha/2} + z_\phi)^2}{\Delta^2 n} \tag{7.11}$$

のように導くことができます。CRT の場合，個人の数 $n$ と集団の数 $J$ が異なる影響力をもちますので，$n$ と $J$ それぞれに関する推定式が得られます。したがって，たとえば必要な集団の数 $J$ を推定するときには，個人の数 $n$ を固定して考える必要があります。

　式（7.9）〜（7.11）をもとに，有意水準 $\alpha = 0.05$，望まれる検定力 $\varphi = 0.80$ のもとで，異なる効果量 $\Delta$，級内相関 $\rho$ 別に MRT において必要な合計のサンプルサイズ $N = nJ$ の下限をまとめたものが 表7.2 であり，同様に集団の数 $J$ を固定したときに CRT において必要な各集団内の個人の数 $n$ の下限をまとめたものが 表7.3 です（宇佐美，2011）。特に 表7.3 を見るとわかるように，とりわけ集団の数 $J$ が小さい場合には，級内相関 $\rho$ のわずかな違いに応じて必要な個人の数 $n$ が急激に上昇する傾向が見てとれます。これは， 図7.4 の標準誤差で見たように，CRT においては級内相関 $\rho$ の影響が大きいためであり，この値の設定が正確にできない限りは，必要なサンプルサイズの推定結果が非常に不安定になってしまいます。

　また，このことを反映して， 表7.3 にも現れているように，CRT の場合，級内相関 $\rho$ が大きく，かつ集団の数 $J$ が小さい状況の場合，いくら個人の数 $n$ を増やしたとしても望まれる検定力 $\varphi$ には到達しないことが知られています（宇佐美，2011; Usami, 2014）。したがって，「（効果の大きさが 0 でないときに）サンプルサイズを増やせば必ず検定結果は有意になる」という表現は厳密には誤りです。つまり，CRT のもとで階層データを扱う場合には，上の文の「サンプルサイズ」

## 7.2 サンプルサイズ設計の方法

**表7.2** MRT において，予想される効果量 $\Delta$ および級内相関 $\rho$ に応じた，$\varphi = 0.8$ の検定力を得るために必要な合計のサンプルサイズ $N = nJ$ の下限（両側 $\alpha = 0.05$）（宇佐美，2011，p.392，Table 1a）

| 効果量 $\Delta$ | 級内相関 $\rho$ | | | | | | | | | | | | | |
|---|---|---|---|---|---|---|---|---|---|---|---|---|---|---|
| | 0.00 | 0.05 | 0.10 | 0.15 | 0.20 | 0.25 | 0.30 | 0.35 | 0.40 | 0.50 | 0.60 | 0.70 | 0.80 | 0.90 |
| 0.10 | 3140 | 2983 | 2826 | 2669 | 2512 | 2355 | 2198 | 2041 | 1884 | 1570 | 1256 | 942 | 628 | 314 |
| 0.20 | 785 | 746 | 707 | 668 | 628 | 589 | 550 | 511 | 471 | 393 | 314 | 236 | 157 | 79 |
| 0.30 | 349 | 332 | 314 | 297 | 280 | 262 | 245 | 227 | 210 | 175 | 140 | 105 | 70 | 35 |
| 0.40 | 197 | 187 | 177 | 167 | 157 | 148 | 138 | 128 | 118 | 99 | 79 | 59 | 40 | 20 |
| 0.50 | 126 | 120 | 114 | 107 | 101 | 95 | 88 | 82 | 76 | 63 | 51 | 38 | 26 | 13 |
| 0.60 | 88 | 83 | 79 | 75 | 70 | 66 | 62 | 57 | 53 | 44 | 35 | 27 | 18 | 9 |
| 0.70 | 65 | 61 | 58 | 55 | 52 | 49 | 45 | 42 | 39 | 33 | 26 | 20 | 13 | 7 |
| 0.80 | 50 | 47 | 45 | 42 | 40 | 37 | 35 | 32 | 30 | 25 | 20 | 15 | 10 | 5 |
| 0.90 | 39 | 37 | 35 | 33 | 32 | 30 | 28 | 26 | 24 | 20 | 16 | 12 | 8 | 4 |
| 1.00 | 32 | 30 | 29 | 27 | 26 | 24 | 22 | 21 | 19 | 16 | 13 | 10 | 7 | 4 |

**表7.3** CRT において，予想される効果量 $\Delta$，級内相関 $\rho$ および集団数 $J$ に応じた，$\varphi = 0.8$ の検定力を得るために必要な各集団内の個人の数 $n$ の下限（両側 $\alpha = 0.05$）（宇佐美，2011，p.393，Table 2a）

### $J = 4$

| 効果量 $\Delta$ | 級内相関 $\rho$ | | | | | | | | | |
|---|---|---|---|---|---|---|---|---|---|---|
| | 0.00 | 0.02 | 0.04 | 0.06 | 0.08 | 0.10 | 0.15 | 0.20 | 0.30 | 0.50 |
| 0.10 | 785 | | | | | | | | | |
| 0.20 | 197 | | | | | | | | | |
| 0.30 | 88 | | | | | | | | | |
| 0.40 | 50 | 2537 | | | | | | | | |
| 0.50 | 32 | 83 | | | | | | | | |
| 0.60 | 22 | 38 | 164 | | | | | | | |
| 0.70 | 17 | 24 | 43 | 387 | | | | | | |
| 0.80 | 13 | 16 | 24 | 44 | 596 | | | | | |
| 0.90 | 10 | 12 | 16 | 22 | 40 | 281 | | | | |
| 1.00 | 8 | 10 | 11 | 14 | 20 | 33 | | | | |

### $J = 10$

| 効果量 $\Delta$ | 級内相関 $\rho$ | | | | | | | | | |
|---|---|---|---|---|---|---|---|---|---|---|
| | 0.00 | 0.02 | 0.04 | 0.06 | 0.08 | 0.10 | 0.15 | 0.20 | 0.30 | 0.50 |
| 0.10 | 314 | | | | | | | | | |
| 0.20 | 79 | | | | | | | | | |
| 0.30 | 35 | 114 | | | | | | | | |
| 0.40 | 20 | 32 | 88 | | | | | | | |
| 0.50 | 13 | 17 | 25 | 48 | | | | | | |
| 0.60 | 9 | 11 | 13 | 18 | 27 | 62 | | | | |
| 0.70 | 7 | 8 | 9 | 10 | 13 | 17 | 140 | | | |
| 0.80 | 5 | 6 | 6 | 7 | 8 | 9 | 16 | 208 | | |
| 0.90 | 4 | 5 | 5 | 5 | 6 | 6 | 8 | 14 | | |
| 1.00 | 4 | 4 | 4 | 4 | 4 | 5 | 6 | 7 | 38 | |

### $J = 20$

| 効果量 $\Delta$ | 級内相関 $\rho$ | | | | | | | | | |
|---|---|---|---|---|---|---|---|---|---|---|
| | 0.00 | 0.02 | 0.04 | 0.06 | 0.08 | 0.10 | 0.15 | 0.20 | 0.30 | 0.50 |
| 0.10 | 157 | | | | | | | | | |
| 0.20 | 40 | 179 | | | | | | | | |
| 0.30 | 18 | 27 | 56 | | | | | | | |
| 0.40 | 10 | 12 | 16 | 23 | 42 | 466 | | | | |
| 0.50 | 7 | 8 | 9 | 10 | 12 | 16 | 92 | | | |
| 0.60 | 5 | 5 | 6 | 6 | 7 | 7 | 11 | 28 | | |
| 0.70 | 4 | 4 | 4 | 4 | 5 | 6 | 8 | 58 | | |
| 0.80 | 3 | 3 | 3 | 3 | 3 | 4 | 4 | 7 | | |
| 0.90 | 2 | 2 | 3 | 3 | 3 | 3 | 4 | 32 | | |
| 1.00 | 2 | 2 | 2 | 2 | 2 | 3 | 4 | | | |

### $J = 50$

| 効果量 $\Delta$ | 級内相関 $\rho$ | | | | | | | | | |
|---|---|---|---|---|---|---|---|---|---|---|
| | 0.00 | 0.02 | 0.04 | 0.06 | 0.08 | 0.10 | 0.15 | 0.20 | 0.30 | 0.50 |
| 0.10 | 63 | | | | | | | | | |
| 0.20 | 16 | 23 | 41 | 254 | | | | | | |
| 0.30 | 7 | 8 | 10 | 12 | 15 | 21 | | | | |
| 0.40 | 4 | 5 | 5 | 5 | 6 | 6 | 9 | 15 | | |
| 0.50 | 3 | 3 | 3 | 3 | 3 | 4 | 4 | 5 | 8 | |
| 0.60 | 2 | 2 | 2 | 2 | 2 | 2 | 3 | 3 | 3 | 4 |
| 0.70 | 2 | 2 | 2 | 2 | 2 | 2 | 2 | 2 | 2 | 2 |
| 0.80 | 1 | 1 | 1 | 1 | 1 | 1 | 1 | 1 | 1 | 1 |
| 0.90 | 1 | 1 | 1 | 1 | 1 | 1 | 1 | 1 | 1 | 1 |
| 1.00 | 1 | 1 | 1 | 1 | 1 | 1 | 1 | 1 | 1 | 1 |

＊ 空欄部分は，漸近的に 0.8 の検定力に到達しない条件（ないしはその近傍点）であることを意味する。

を「集団の数 $J$」と読みかえる必要があり，集団の数 $J$ が小さければいくら個人の数 $n$ を増やしたとしても望まれる検定力 $\varphi$ には到達しないのです。

## 7.2.6 効果量 $\Delta$ の信頼区間に基づくサンプルサイズ設計

先に見たように，群間の差は $\delta$ で表現され，その効果量は $\Delta$ で表現されていました。ここでは，有意水準 $\alpha$ のもとで効果量 $\Delta$ の $100(1-\alpha)$％信頼区間を計算したいという状況を考えます。7.2.4 項で求めた標準誤差の式を利用すれば，望まれる信頼区間幅 $L$ を満たすために必要なサンプルサイズの推定式を得ることができます（導出については，宇佐美，2011; Usami, 2014 を参照のこと）。具体的に，MRT の場合は，

$$nJ > \frac{16z_{1-\alpha/2}^2(1-\rho)}{L^2} \tag{7.12}$$

で計算できます。検定力の場合と同様，合計のサンプルサイズ $N = nJ$ についての式を考えることができます。そして，級内相関 $\rho$ が大きいほど，必要な（合計の）サンプルサイズが小さくなります。また，望まれる信頼区間幅 $L$ も，その値が大きいことは必要な推定精度が相対的に粗くてもよいということを意味するため，この場合必要な（合計の）サンプルサイズが小さくなります。また有意水準 $\alpha$ はその値が大きいほど，必要な（合計の）サンプルサイズが小さくなります。

CRT の場合，必要なサンプルサイズの推定式は，

$$n > \frac{16z_{1-\alpha/2}^2(1-\rho)}{L^2 J - 16z_{1-\alpha/2}^2 \rho} \tag{7.13}$$

$$J > \frac{16z_{1-\alpha/2}^2[\rho(n-1)+1]}{L^2 n} \tag{7.14}$$

のようになります。検定力に基づくサンプルサイズ設計の場合と同様に，$n$ と $J$ それぞれに関する推定式が得られます。これらの式をもとに，有意水準 $\alpha = 0.05$ のもとで，異なる信頼区間幅 $L$，級内相関 $\rho$ 別に MRT において必要な合計のサンプルサイズ $N = nJ$ の下限をまとめたものが 表7.4 であり，同様に集団の数 $J$ を固定したときに CRT において必要な各集団内の個人の数 $n$ の下限をまとめたものが 表7.5 です（宇佐美，2011）。

表7.3 の検定力の場合と同様に，表7.5 から，CRT においてとりわけ集団の

## 7.2 サンプルサイズ設計の方法

**表7.4** MRT において，級内相関 $\rho$ に応じた，望まれる効果量 $\Delta$ の信頼区間幅 $L$ を得るために必要な合計のサンプルサイズ（$N = nJ$）の下限（両側 $\alpha = 0.05$）（宇佐美, 2011, p.392, Talbe 1b）

| 信頼区間幅 | 級内相関 $\rho$ | | | | | | | | | | | | | |
|---|---|---|---|---|---|---|---|---|---|---|---|---|---|---|
| | 0.00 | 0.05 | 0.10 | 0.15 | 0.20 | 0.25 | 0.30 | 0.35 | 0.40 | 0.50 | 0.60 | 0.70 | 0.80 | 0.90 |
| 0.10 | 6147 | 5840 | 5532 | 5225 | 4918 | 4610 | 4303 | 3996 | 3688 | 3074 | 2459 | 1844 | 1230 | 615 |
| 0.20 | 1537 | 1460 | 1383 | 1307 | 1230 | 1153 | 1076 | 999 | 922 | 769 | 615 | 461 | 308 | 154 |
| 0.30 | 683 | 649 | 615 | 581 | 547 | 513 | 479 | 444 | 410 | 342 | 274 | 205 | 137 | 69 |
| 0.40 | 385 | 365 | 346 | 327 | 308 | 289 | 269 | 250 | 231 | 193 | 154 | 116 | 77 | 39 |
| 0.50 | 246 | 234 | 222 | 209 | 197 | 185 | 173 | 160 | 148 | 123 | 99 | 74 | 50 | 25 |
| 0.60 | 171 | 163 | 154 | 146 | 137 | 129 | 120 | 111 | 103 | 86 | 69 | 52 | 35 | 18 |
| 0.70 | 126 | 120 | 113 | 107 | 101 | 95 | 88 | 82 | 76 | 63 | 51 | 38 | 26 | 13 |
| 0.80 | 97 | 92 | 87 | 82 | 77 | 73 | 68 | 63 | 58 | 49 | 39 | 29 | 20 | 10 |
| 0.90 | 76 | 73 | 69 | 65 | 61 | 57 | 54 | 50 | 46 | 38 | 31 | 23 | 16 | 8 |
| 1.00 | 62 | 59 | 56 | 53 | 50 | 47 | 44 | 40 | 37 | 31 | 25 | 19 | 13 | 7 |

**表7.5** CRT において，級内相関 $\rho$ および集団の数 $J$ に応じた，望まれる効果量 $\Delta$ の信頼区間幅 $L$ を得るために必要な各集団内の個人の数 $n$ の下限（両側 $\alpha = 0.05$）（宇佐美, 2011, p.394, Table 2b）

$J = 4$

| 信頼区間幅 | 級内相関 $\rho$ | | | | | | | | | |
|---|---|---|---|---|---|---|---|---|---|---|
| | 0.00 | 0.02 | 0.04 | 0.06 | 0.08 | 0.10 | 0.15 | 0.20 | 0.30 | 0.50 |
| 0.10 | 1537 | | | | | | | | | |
| 0.20 | 385 | | | | | | | | | |
| 0.30 | 171 | | | | | | | | | |
| 0.40 | 97 | | | | | | | | | |
| 0.50 | 62 | | | | | | | | | |
| 0.60 | 43 | 286 | | | | | | | | |
| 0.70 | 32 | 83 | | | | | | | | |
| 0.80 | 25 | 46 | 583 | | | | | | | |
| 0.90 | 19 | 30 | 76 | | | | | | | |
| 1.00 | 16 | 22 | 39 | 186 | | | | | | |

$J = 10$

| 信頼区間幅 | 級内相関 $\rho$ | | | | | | | | | |
|---|---|---|---|---|---|---|---|---|---|---|
| | 0.00 | 0.02 | 0.04 | 0.06 | 0.08 | 0.10 | 0.15 | 0.20 | 0.30 | 0.50 |
| 0.10 | 615 | | | | | | | | | |
| 0.20 | 154 | | | | | | | | | |
| 0.30 | 69 | | | | | | | | | |
| 0.40 | 39 | 163 | | | | | | | | |
| 0.50 | 25 | 48 | 1426 | | | | | | | |
| 0.60 | 18 | 26 | 52 | | | | | | | |
| 0.70 | 13 | 17 | 25 | 48 | | | | | | |
| 0.80 | 10 | 12 | 15 | 22 | 39 | 219 | | | | |
| 0.90 | 8 | 9 | 11 | 14 | 18 | 29 | | | | |
| 1.00 | 7 | 7 | 8 | 10 | 12 | 15 | 67 | | | |

$J = 20$

| 信頼区間幅 | 級内相関 $\rho$ | | | | | | | | | |
|---|---|---|---|---|---|---|---|---|---|---|
| | 0.00 | 0.02 | 0.04 | 0.06 | 0.08 | 0.10 | 0.15 | 0.20 | 0.30 | 0.50 |
| 0.10 | 308 | | | | | | | | | |
| 0.20 | 77 | | | | | | | | | |
| 0.30 | 35 | 106 | | | | | | | | |
| 0.40 | 20 | 31 | 80 | | | | | | | |
| 0.50 | 13 | 16 | 24 | 45 | 684 | | | | | |
| 0.60 | 9 | 11 | 13 | 17 | 25 | 53 | | | | |
| 0.70 | 7 | 8 | 9 | 10 | 12 | 16 | 91 | | | |
| 0.80 | 5 | 6 | 6 | 7 | 8 | 9 | 15 | 98 | | |
| 0.90 | 4 | 5 | 5 | 5 | 6 | 6 | 8 | 13 | | |
| 1.00 | 4 | 4 | 4 | 4 | 4 | 5 | 7 | 28 | | |

$J = 50$

| 信頼区間幅 | 級内相関 $\rho$ | | | | | | | | | |
|---|---|---|---|---|---|---|---|---|---|---|
| | 0.00 | 0.02 | 0.04 | 0.06 | 0.08 | 0.10 | 0.15 | 0.20 | 0.30 | 0.50 |
| 0.10 | 123 | | | | | | | | | |
| 0.20 | 31 | 79 | | | | | | | | |
| 0.30 | 14 | 19 | 29 | 72 | | | | | | |
| 0.40 | 8 | 9 | 11 | 14 | 19 | 30 | | | | |
| 0.50 | 5 | 6 | 6 | 7 | 8 | 9 | 16 | 238 | | |
| 0.60 | 4 | 4 | 4 | 5 | 5 | 5 | 6 | 9 | | |
| 0.70 | 3 | 3 | 3 | 3 | 3 | 4 | 4 | 5 | 8 | |
| 0.80 | 2 | 2 | 2 | 2 | 3 | 3 | 3 | 3 | 4 | 25 |
| 0.90 | 2 | 2 | 2 | 2 | 2 | 2 | 2 | 2 | 2 | 4 |
| 1.00 | 2 | 2 | 2 | 2 | 2 | 2 | 2 | 2 | 2 | 2 |

＊空欄部分は，漸近的に 0.8 の検定力に到達しない条件（ないしはその近傍点）であることを意味する。

数 $J$ が小さい場合には，級内相関 $\rho$ のわずかな違いに応じて必要な個人の数 $n$ が急激に変化する傾向が見てとれます。また，集団の数 $J$ が小さくかつ一定以上の級内相関がある場合，いくら個人の数 $n$ を増やしても望まれる信頼区間幅以下にはならないということも見てとれます。 表7.2 〜 表7.5 は特定の設定値に基づいて計算したサンプルサイズですが，これ以外の条件下での計算を行うために，本章末に示したような R のプログラムを利用できます（宇佐美，2011）。

### 7.2.7　方法についての補足

　ひとくちに階層線形モデルといっても，それに該当する多くの種類の統計モデルが存在します。式（7.1），（7.2）で示した階層線形モデルは，「切片（または，従属変数の平均）の大きさには集団間差があるが回帰係数（実験効果）の大きさに集団間差はない（つまり，特定の高校の生徒にだけ効果があるといったことはない）」，とする**ランダム切片モデル**（random intercept model）と呼ばれる統計モデルです。実際に，式（7.1）では，切片には集団を表す添え字 $j$ がついていましたが，回帰係数 $\delta$ にはついていませんでした。したがって，仮に実際のデータには回帰係数に大きな集団間差があるにもかかわらず，ランダム切片モデルに基づいた 表7.2 〜 表7.5 を参照すると，必要なサンプルサイズの推定を大きく誤る可能性があります。ただし，ランダム切片モデルのような比較的単純なモデルをベースにすることでサンプルサイズ設計の手続きが簡便になるという利点があり，また回帰係数に大きな集団間差がない限りは，一連の表の結果は十分参考になると考えられます。なお，回帰係数にも集団間差を仮定した階層線形モデルを利用した場合の推定方法としては Usami（2011）や Maas & Hox（2005），Dong & Maynard（2013）が参考になります。

　本章で説明した方法は，各集団における個人の数が等しく $n$ であることを仮定しています。もし，実際に各集団で割り当てる個人の数が異なるとしても，その比率が非常に極端に偏っていない限りは，必要なサンプルサイズの推定結果が大きく変わることはあまりありません。したがって，実際に各集団で割り当てる数が違う状況であったとしても，その平均的な数を見積もるうえでは大きな問題はないと考えられます。特に，式（7.11），（7.14）のように，予想される $n$ をあらかじめ見積もってから必要な集団数 $J$ を推定する状況では，各集団に所属する個人の数の，（単純な算術平均ではなく）調和平均（harmonic mean）を利用することが推奨されています。

そして，本章で述べたサンプルサイズ設計の方法は，$\sigma_0^2$, $\sigma_1^2$ など分散に関する母数（つまり級内相関 $\rho$）を既知としており，正規分布に基づいた確率計算に依拠しています。一方で，実際には，参照可能な先行研究やデータなど事前情報が必ずしも十分でないことから，分散に関する母数は未知として推定するのが一般的ですので，式 (7.5) で見た検定統計量 $z$ は正確には非心 $t$ 分布に従う統計量として扱う必要があります。この差異により，たとえば実際の検定力は，理論上の検定力に比べて低くなり，そのため，たとえば 表7.2 ～ 表7.5 はやや楽観的な結果を与えることになりますが，必要なサンプルサイズの概数を見積もるうえでは役立つものといえるでしょう。この点を踏まえた，数学的により厳密な議論としては，Raudenbush（1997）や関連するソフトウエアである Optimal Design Plus (OD Plus; Raudenbush et al., 2011) や PowerUp!（Dong & Maynard, 2013）などが参考になります。このように，分布の正確性に関する注意点はありますが，実際上はむしろ，特に CRT の場合，先行研究の知見や事前に利用できるデータを通して，できるだけ正確な効果量 $\Delta$ および級内相関 $\rho$ の値を設定することのほうがサンプルサイズ設計では重要といえるでしょう（この点についての詳細は，7.4 節，および宇佐美，2011; Usami, 2014 を参照のこと）。

## 7.3 サンプルサイズ設計の例

### 7.3.1 MRT の場合

新指導法の効果を検証するため，複数の高校から生徒を募り，各学校内で生徒をランダムに新指導法群と旧指導法群に実験的に割り当てて，授業後の学力テストによって群間の平均値差を調べるという状況を考えましょう。テスト得点の分散が過去の指導経験上から $\sigma^2 = 20^2$ 程度あり，想定される平均値差が $\delta = 10$ 点であるとします。また，級内相関 $\rho$ については，学校間の平均的な学力間差はあるもののそこまで大きくないと予想し，$\rho = 0.05$ と見積もったとします。

検定力の観点からサンプルサイズを決めるとすると，$\varphi = 0.8$ の検定力を得るために必要な合計のサンプルサイズ $N = nJ$ は，効果量が $\Delta = 10/20 = 0.5$ であるので，表7.2 より約 120 人とわかります。すなわち，（集団の数 $J$，個人の数 $n$ の組合せは関係なく）合計で，各群に等しく $120/2 = 60$ 人程度の生徒を確保すればよいことになります。

また，効果量 $\Delta$ の信頼区間の観点からサンプルサイズを決めるとして，$L =$

0.30 程度の効果量 $\Delta$ の信頼区間幅を得るのに必要な合計のサンプルサイズ $N = nJ$ は，表7.4 より約 650 人とわかります。すなわち，各群で等しく 320〜330 人程度の生徒を確保すればよいことになります。

### 7.3.2 CRT の場合

最初の例と同様に新指導法の効果を検証する状況を考えますが，ここでは CRT に基づいて，各生徒ではなく，各高校単位でランダムに群分けが行われるとします。仮に研究協力校の数が $J = 10$ であり，予想される効果量を先と同様に $\Delta = 0.50$ とし，級内相関を $\rho = 0.05$ と見積もったとすると，$\varphi = 0.8$ の検定力を得るために必要な各学校内の生徒数 $n$ は，表7.3 より 25 人から 48 人と大きく変動することがわかります。この場合，推定結果はかなり不安定になりますので，研究協力校を増やすか，ほかにも効果量 $\Delta$ がより大きくなるような介入を行うなどの対策を講じる必要があるといえます。これまで見てきたように，CRT については相対的に $\rho$ の影響力が大きく，その設定値のわずかな違いで推定結果が大きく変わることが注意点です。

## 7.4 まとめと展望

本章では，発達心理学や教育心理学において特によく見られる，階層データを扱う場合におけるサンプルサイズ設計について説明しました。また，特に実験研究の文脈を考え，MRT と CRT それぞれについて，研究実施上の観点および数理的観点からの特徴，検定力や信頼区間別の具体的な推定手続きを 表7.1〜表7.5 などで示しました。

本章で扱ったのは，実験研究を行ったときの群間の平均値差に興味がある場合の話題でした。しかし，実際には独立変数（$X$）については，調査研究のように実験的な操作が行われていない場合や，ほかにも（2 値ではなく）連続的な量を扱った場合においても，効果 $\delta$ の推測において，一定の検定力や信頼区間幅を維持するために必要なサンプルサイズを推定したい状況もあり得ます。CRT では各集団内のすべての個人が特定の同じ群に実験的に割り当てられていました。したがって，2 値変数（$X$）の値に関しては，集団間差はありますが集団内の個人差（集団内差）はなく，全員同じ値をとる状況だといえます。一方，MRT は各集団から（理想的には，等しい数の）個人が各群に割り当てられますので，この場合，

2 値変数に関する集団間差の大きさは，集団内差と同じです．実験研究の場合は，このようにデザインに応じて 2 値変数に関する集団間差と集団内差の大きさが基本的にそれぞれ事前に決まっていますが，とりわけ調査研究において連続的な独立変数から効果 $\delta$ について検証したい場合は，$X$ に関する集団間差と集団内差の大きさについてもあらかじめ見積もったうえで必要なサンプルサイズを推定する必要が生じるため，サンプルサイズ設計の手続きが相対的に複雑になります．この点を踏まえた，実際のサンプルサイズ設計を支援するためのより簡略的な手続きが確立することも重要でしょう．

　7.3 節の例を含め繰り返し述べたように，とりわけ現実的に適用されることが多い CRT の場合，正確な級内相関 $\rho$ の設定は特に重要になります．実際，CRT の使用頻度が高い教育・社会調査研究の分野や臨床研究の分野を中心に，サンプルサイズ決定のための方法論が普及していくと同時に今の点が重要な問題として認識されるようになってきています（たとえば，Hedges & Hedberg, 2007; Murray, Varnell, & Biltstein, 2004）．とりわけ，参照できる有用な事前情報や先行研究が限られている場合は，式（7.3）の効果量の説明の段階で述べた通り，0.05 を小，0.10 を中，0.15 を大として見積もる方法がありますが，当該の研究対象となる母集団や変数の特性に応じて期待される級内相関 $\rho$ は大きく変化すると考えられるため，観察される級内相関についてのより詳細な知見を各研究分野において地道に蓄積していくことが将来的に重要な課題となるでしょう．また，仮に正確な級内相関を設定できなくても，測定値の個人差や集団差を説明する共変数を収集し，モデルに投入して残差を小さくすることで必要なサンプルサイズを抑えることも可能であり，このようなデータ収集デザイン上の工夫も有効です．これらの点に関するより詳細な議論については宇佐美（2011）も参照してください．

## Appendix　（宇佐美，2011；一部の記法を改変）

(a)：MRT における，任意の級内相関（`rho`），効果量（`delta`），両側検定における有意水準（`alpha`），望まれる検定力（`phi`）での，必要な合計のサンプルサイズ（`nJ`）を計算する R のプログラム（式（7.9））．

```
MRTpower<-function(rho, delta, alpha, phi){
nJ<-floor((4*(qnorm(1-alpha/2)+qnorm(phi))^2*(1-rho))/delta^2)+1
```

```
return(nJ)
}
```

(b)：MRT における，任意の級内相関（**rho**），両側検定における有意水準（**alpha**），望まれる効果量の信頼区間幅（**L**）での，必要な合計のサンプルサイズ（**nJ**）を計算する R のプログラム（式（7.12））。

```
MRTconfidence<-function(rho, alpha,L){
nJ<-floor((16*qnorm(1-alpha/2)^2*(1-rho))/L^2)+1
return(nJ)
}
```

(c)：CRT における，集団の数（**J**），任意の級内相関（**rho**），効果量（**delta**），両側検定における有意水準（**alpha**），望まれる検定力（**phi**）での，必要な各集団内の個人の数（**n**）を計算する R のプログラム（式（7.10））。

```
CRTpower<-function(J, rho, delta, alpha, phi){
n<-floor((4*(qnorm(1-alpha/2)+qnorm(phi))^2*(1-rho))/(delta^2*J-
4*(qnorm(1-alpha/2)+qnorm(phi))^2*rho))+1
return(n)
}
```

(d)：CRT における，集団の数（**J**），任意の級内相関（**rho**），両側検定における有意水準（**alpha**），望まれる効果量の信頼区間幅（**L**）での，必要な各集団内の個人の数（**n**）を計算する R のプログラム（式（7.13））。

```
CRTconfidence<-function(J,rho, alpha,L){
n<-floor((16*qnorm(1-alpha/2)^2*(1-rho))/( J*L^2-16*qnorm(1-
alpha/2)^2*rho))+1
return(n)
}
```

# 付章 Rについて

■村井潤一郎　■橋本貴充

## A.1　本章の内容

　本書では，各種計算のためのソフトウエアとして，多くの場合Rというソフトウエアが使用されています。Rは，無料で使うことができる高機能の統計ソフトであり，世界中で広く用いられています。Rの特徴として，基本的にはプログラムを書く必要がある，ということが挙げられます。この点がRのハードルを高めていると思いますが，慣れれば使い勝手のよいソフトです。

　以下では，最初に簡単にRの使い方を説明したうえで，各章で用いられているRのプログラムをいくつか再掲しつつ，それらプログラムに対して，必要最低限の説明を加えていきます。Windowsを想定した説明をしますが，Mac OSでもプログラムの書き方自体は変わりありません。

　OSその他の環境によって，メニューやウィンドウの名前が日本語表記になっていたり，英語表記になっていたりすることがあります。説明は，著者の環境での表記に従って記述します。「Console」と「コンソール」，「エディタ」と「Editor」，「スクリプトを開く」と「Open Script」など，各自の環境にあわせて読みかえて手順を確認してみてください。

　本章はあくまで付章であり，Rについての概略をごく簡単に示すだけになります。Rの本格的な学習については，ほかの成書をご覧いただくか，インターネット上にあるRについて解説するサイトなどを参照いただければと思います。いずれも豊富に存在しています。

　なお，本書で出てきたRのプログラム中に「#　日本語」とある部分はコメントアウトと呼ばれるもので，プログラムの説明を「覚え書き」のように書いている部分です。実行の際には無視されます。

## A.2 Rの使い方〜起動,簡単な計算,終了

　Rを(デフォルトの設定にて)インストールすると,デスクトップ上にRのアイコンができます。それをダブルクリックするとRが起動します(**図A.1**)。R Consoleという画面があり,そのなかに赤い「**>**」という記号があることがわかると思います。この「**>**」をプロンプトといいます。プログラムはプロンプトの後に書いていきます。

　まずは,簡単な計算をしてみましょう。「3 × 5」であれば,下記のように,**3*5**と入力して(「*」は掛け算です)Enterキーを押します。

```
> 3*5
[1] 15
```

**図A.1**　Rを起動した画面

と計算結果が出てきます。

第 5 章では，少し複雑な計算がされています。

```
> (1.96^2)*(0.05*(1-0.05))/0.011^2
[1] 1508.066
```

です。「^2」は 2 乗,「/」は割り算,「-」は引き算です。上記を「慣れ親しんだ」式で書き直すと，

$$(1.96^2) \times \{0.05 \times (1 - 0.05)\} \div 0.011^2$$

となります。

R を終了させるには，ウィンドウ右上の × 印をクリックします。「作業スペースを保存しますか？」と尋ねられます（ 図A.2 ）が，原則「いいえ（N）」をクリックして終了するということでよいでしょう。

図A.2 「作業スペースを保存しますか？」というダイアログボックス
（原則として「いいえ（N）」をクリックする）

書いたプログラム（スクリプト）を保存したいことも多いと思います。その場合には，R Console ではなく，R エディタを使うと便利です。R を起動した後，「ファイル」「新しいスクリプト」とクリックすると，エディタのウィンドウが現れます（ 図A.3 ）。

ここにたとえば「**3\*5**」と書き，Ctrl キーを押しながら R キーを押すと（これが実行の仕方です），R Console に結果が出てきます。この場合，「**3\*5**」というスクリプトを保存したければ，エディタのウィンドウをアクティブにした状態で，画面上のメニューから「ファイル」「保存」とクリックします。「スクリプトを保存

図A.3　Rエディタ

する」になるので，たとえば「**test.R**」などと適当なファイル名を入力して（拡張子は「.R」にしたほうがよいでしょう），適当なディレクトリに保存します。次回，Rを起動した場合，「ファイル」「スクリプトを開く」とクリックし，呼び出したいプログラムのファイルを指定します。

　長いプログラムを書く場合などにはRエディタのほうが便利です。すなわち，前ページの例では，Rエディタに

```
(1.96^2)*(0.05*(1-0.05))/0.011^2
```

と入力すると，

```
[1] 1508.066
```

とR Consoleに結果が出力されます。本書では，Rエディタを想定した表現が多いですが，以下では，R Consoleの使用を想定して説明していきます。本文中で

「**>**」ではじまっているプログラムは R Console での実行をイメージして書かれ，「**>**」ではじまっていないプログラムは R エディタでの実行をイメージして書かれていると考えていただければよいと思います。実行方法が異なるだけで，両者に本質的な違いはありません。

## A.3 関数の使用

A.2 節では簡単な計算を例に挙げましたが，関数を利用して統計処理をすることももちろん可能です。

5 人からなるテスト得点のデータ「10,30,20,50,40」の平均を算出することを例に挙げましょう。まず，これら 5 人のデータを「データ」という名前の入れ物（これを「オブジェクト」といったり，単純に「変数」といったりします）に格納します。

```
> データ <-c(10,30,20,50,40)
```

こう入力しても，特に何かメッセージが返ってくるわけではありませんが，オブジェクトは確かにできています。試しに，プロンプトに対して「データ」と入力してみましょう。

```
> データ
[1] 10 30 20 50 40
```

と，5 人のデータが格納されていることがわかります。なお，細かいことですが，上記で「**<-**」の前後にスペースは入っていませんが，章によっては入っている場合もあります。これは，スペースを入れることにより見やすくすることを意図していて，スペースはあってもなくてもかまいません（各執筆者の個性ということで，プログラムについては過度の統一はしていません）。実際には，「**<-**」の前後に限らず，スペースを入れるべきか迷った場合，「入れない」ということでおおむね問題ありません。

次に，平均を出してみましょう。R には，平均を出すための関数として **mean()** が用意されています。次のように入力します。

```
> mean(データ)
[1] 30
```

のように，平均が 30 であることがわかりました。分散を計算したいのであれば，

```
> var(データ)
[1] 250
```

となります（ちなみにこれは不偏分散です）。なお，先に挙げた c() も関数です。データの値をくっつける（combine）役割をします。R にはこのような関数が標準で数多く実装されています。

## A.4 パッケージの使用

　R では，mean() のようにすでに組み込まれている関数を利用することに加え，別途作成されたパッケージと呼ばれるものをインストールすることで，より多様な統計処理に対応することができます。パッケージは非常に多くありますが，本書で最もよく言及されているのが pwr パッケージです。それもそのはず，検定力分析のためのパッケージだからです。pwr とは power，つまり検定力のことです。

　パッケージを利用するためには，まずインストールが必要です。プロンプトに対して，

```
> install.packages("pwr")
```

と入力します。すると，ダウンロードするサイトを選ぶよう求められるので，たとえば「Japan(Tokyo)」を選択するとダウンロードが開始されます。

　インストールが完了したというメッセージが出ますが，これだけではパッケージを使用することはできません。パッケージを読み込む必要があります。読み込みのためには，

```
> library(pwr)
```

と入力します。これを，R を起動するたびに行います。つまり，一度 R を終了し再度起動した場合，再度パッケージをインストールする必要はないのですが，パッ

ケージの読み込みのほうは，Rを新規に起動するたびにやらなくてはいけないということです。

それでは，早速 pwr パッケージを利用してみましょう。たとえば第5章には，下記のようなプログラムがあります。

```
> pwr.t.test(n = NULL,d = 0.7,sig.level = 0.05,power = 0.9,
  type = c("two.sample"),alternative = c("two.sided"))
```

第5章にも説明がある通り，pwr パッケージにある関数 **pwr.t.test()** を用いて，独立な2群の $t$ 検定，有意水準5％，検定力90％，効果量0.7，両側検定という設定で必要なサンプルサイズを計算しています。

ややこしいことに，R標準の関数に **power.t.test()** というものもあり，これも $t$ 検定の検定力分析に使うことができます。つまり，pwr パッケージを導入せずに，

```
> power.t.test(n = NULL,d = 0.7,sig.level = 0.05,power = 0.9,
  type = c("two.sample"),alternative = c("two.sided"))
```

と実行しても，ほぼ同じ出力が得られるということなのです。しかし，常にそういうわけでもなく，たとえば第6章に，

```
> pwr.chisq.test(w = 0.23,N = 242,df = (4-1)*(2-1),sig.level =
  0.05)
```

とありますが，これを，pwr パッケージを読み込まずに，

```
> power.chisq.test(w = 0.23,N = 242,df = (4-1)*(2-1),sig.level =
  0.05)
```

と実行してもエラーになります。Rには，power.chisq.test() という関数が存在しないからです。この場合は，pwr パッケージを導入後，このパッケージに含まれる関数 **pwr.chisq.test()** を用いる必要があります。

分散分析については少し事情が異なります。同じく第 6 章には，

```
> for(i in c(0.1,0.25,0.4))
  {print(ceiling(pwr.anova.test(k = 4,f = i,n = NULL,sig.level =
  .05,power = .8)$n))}
```

とあります。これを，pwr パッケージを読み込まずに，

```
> for(i in c(0.1,0.25,0.4))
  {print(ceiling(power.anova.test(k = 4,f = i,n = NULL,sig.level
  = .05,power = .8)$n))}
```

と実行してもエラーになってしまうことは同様ですが，実は R には **power.anova.test()** という関数が標準で存在します。関数の書き方，具体的には **power.anova.test()** の括弧内の書き方（引数の指定）が，**pwr.anova.test()** とは異なるのです。しかし，正しく書いて実行できたとしても使い勝手があまりよくないということもあり，この場合も，pwr パッケージを導入後，関数 **pwr.anova.test()** を用いる必要があります。

結論として，pwr パッケージにはさまざまな検定に対応した検定力分析の関数があるので，検定力分析を行う際には pwr パッケージを導入したほうがよいといえます。

## A.5 繰り返し処理

計算中に同じ処理を繰り返したい場合があります。これを繰り返し処理とかループ処理といいます。たとえば，先の第 6 章の例，

```
> for(i in c(0.1,0.25,0.4))
  {print(ceiling(pwr.anova.test(k = 4,f = i,n = NULL,sig.level =
  .05,power = .8)$n))}
```

では，「**i**」が，「**in**」の後に書かれたすべての値（この場合，0.1, 0.25, 0.4 の 3つ）に渡って **{}** の中の処理を繰り返すよう，指定しています。この場合，3 つの

値だけなので，**for** 文を用いない場合，

```
print(ceiling(pwr.anova.test(k = 4,f = 0.1,n = NULL,sig.level =
.05,power = .8)$n))
print(ceiling(pwr.anova.test(k = 4,f = 0.25,n = NULL,sig.level =
.05,power = .8)$n))
print(ceiling(pwr.anova.test(k = 4,f = 0.4,n = NULL,sig.level =
.05,power = .8)$n))
```

と逐一書けば，大した手間なく同じ結果が得られますが，たとえば「1 から 1000 まで値を変化させながら」といった場合には特に，こうした繰り返し処理は役立ちます。

こうした処理は，ほかに第 3 章でも用いられています。

## A.6　関数の作成

第 7 章のように，R では，自分自身で関数を作ることもできます。たとえば簡単な例として，不偏分散ではなく標本分散を計算する関数（ここでは varp() という名前にしてみます）を作ってみましょう。**function()** という関数を使って，次のように書いてみます。

```
> varp<-function(x)
+ {hbunsan<-var(x)*(length(x)-1)/length(x)
+ hbunsan
+ }
```

行頭の「+」は Enter を押して改行すると自動的に表示されるものです（まだ続きがある，ということを意味します）。**{}** 内に書いてある内容は，不偏分散を計算する関数 **var()** で出てきた値に，（サンプルサイズ − 1）を掛け，それをサンプルサイズで除す，ということです（**length()** はデータの個数を算出する関数です）。

これで標本分散を求める関数 varp() を定義することができました。先の「データ」について，標本分散を計算してみましょう。

```
> varp(データ)
[1] 200
```

と計算することができました。

　以上は簡単な例ですが，R ではこのように関数を作成することもできます。また，インターネット上で公開されている，ほかの人が作成した関数を利用することもできます。

# 引用文献

- Abrahamse, W., Steg, L., Vlek, C., & Rothengatter, T. (2005). A review of intervention studies aimed at household energy conservation. *Journal of Environmental Psychology, 25*(3), 273-291.
- American Psychological Association (2010). *Publication manual of the American Psychological Association* (6th ed.). Washington, DC: American Psychological Association.（アメリカ心理学会（著）前田 樹海・江藤 裕之・田中 建彦（訳）(2011)．APA 論文作成マニュアル　第2版　医学書院）
- APA Publications and Communications Board Working Group on Journal Article Reporting Standards (2008). Reporting standards for research in psychology: Why do we need them? What might they be? *The American Psychologist, 63*(9), 839-851.
- Arain, M., Campbell, M. J., Cooper, C. L., & Lancaster, G. A. (2010). What is a pilot or feasibility study?: A review of current practice and editorial policy. *BMC Medical Research Methodology*, 10:67.
- Boutron, I., Moher, D., Altman, D. G., Schulz, K. F., & Ravaud, P. (2008). Extending the CONSORT statement to randomized trials of nonpharmacologic treatment: Explanation and elaboration. *Annals of Internal Medicine, 148*(4), 295-309.
- Bower, P., Kontopantelis, E., Sutton, A., Kendrick, T., Richards, D. A., Gilbody, S., Knowles, S., Cuijpers, P., Andersson, G., Christensen, H., Meyer, B., Huibers, M., Smit, F., van Straten, A., Warmerdam, L., Barkham, M., Bilich, L., Lovell, K., & Liu, E. T. (2013). Influence of initial severity of depression on effectiveness of low intensity interventions: Meta-analysis of individual patient data. *British Medical Journal, 346*, f540.
- Champely, S. (2015). pwr: Basic functions for power analysis. R package version 1.1-3. Retrieved from https://CRAN.R-project.org/package=pwr (April 25, 2016)
- Clark, H. H. (1973). The language-as-fixed-effect fallacy: A critique of language statistics in psychological research. *Journal of Verbal Learning and Verbal Behavior, 12*(4), 335-359.
- Cohen, J. (1988). *Statistical power analysis for the behavioral sciences* (2nd ed.). Hillsdale, NJ: Lawrence Erlbaum Accociates.
- Cohen, J. (1990). Things I have learned (so far). *American Psychologist, 45*(12), 1304-1312.
- Cohen, J. (1992). A power primer. *Psychological Bulletin, 112*(1), 155-159.
- Cook, J. A., Hislop, J., Altman, D. G., Fayers, P., Briggs, A. H., Ramsay, C. R., Norrie, J. D., Harvey, I. M., Buckley, B., Fergusson, D., Ford, I., Vale, L. D., & for the DELTA group (2015). Specifying the target difference in the primary outcome for a randomised controlled trial: Guidance for researchers. *Trials, 16*(1), 1-7.
- 道城 裕貴・松見 淳子（2007）．通常学級において「めあて＆フィードバックカード」による目標設定とフィードバックが着席行動に及ぼす効果　行動分析学研究，*20*(2)，118-128.
- Dong, N., & Maynard, R. A. (2013). PowerUp!: A tool for calculating minimum detectable effect sizes and minimum required sample sizes for experimental and quasi-experimental design studies. *Journal of Research on Educational Effectiveness, 6*(1), 24-67.

- Ekers, D., Richards, D., & Gillbody, S. (2008). A meta-analysis of randomized trials of behavioural treatment of depression. *Psychological Medicine, 38*(5), 611-623.
- Ellis, P. D. (2010). *The essential guide to effect sizes: Statistical power, meta-analysis, and the interpretation of research results*. Cambridge: Cambridge University Press.
- von Elm, E., Altman, D. G., Egger, M., Pocock, S. J., Gøtzsche, P. C., Vandenbroucke, J. P., & STROBE Initiative. (2007). Strengthening the reporting of observational studies in epidemiology (STROBE) statement: Guidelines for reporting observational studies. *British Medical Journal, 335*(7624), 806-808.
- Faul, F., Erdfelder, E., Lang, A.-G., & Buchner, A. (2007). G*Power 3: A flexible statistical power analysis program for the social, behavioral, and biomedical sciences. *Behavior Research Methods, 39*(2), 175-191.
- Forster, S., & Lavie, N. (2009). Harnessing the wandering mind: The role of perceptual load. *Cognition, 111*(3), 345-355.
- Furukawa, H. (1997). Employee's psychological resistances and managers' behaviors toward organizational change. *Research Bulletin of Educational Psychology, Kyusyu University, 41*(1-2), 23-32.
- 南風原 朝和（1997）．[fpr 583] Observed Power，心理学研究の基礎メーリングリスト Retrieved from http://mat.isc.chubu.ac.jp/fpr/fpr1997/0059.html（December 30, 2015）
- 南風原 朝和（1986）．相関係数を用いる研究において被験者数を決めるための簡便な表　教育心理学研究，*34*(2)，155-158.
- 南風原 朝和（2002）．心理統計学の基礎——統合的理解のために——　有斐閣
- 南風原 朝和（2014）．続・心理統計学の基礎——統合的理解を広げ深める——　有斐閣
- 橋本 貴充（2004）．予備実験後の $t$ 検定，分散分析，多重比較のサンプルサイズの決定　心理学研究，*75*(3)，213-219.
- 服部 環・海保 博之（1996）．Q&A 心理データ解析　福村出版
- Hedges, L. V., & Hedberg, E. C. (2007). Intraclass correlation values for planning group randomized trials in education. *Educational Evaluation and Policy Analysis, 29*(1), 60-87.
- Heo, M., & Leon, A. C. (2008). Statistical power and sample size requirements for three level hierarchical cluster randomized trials. *Biometrics, 64*(4), 1256-1262.
- Hill, J. J., Kuyken, W., & Richards, D. A. (2014). Developing stepped care treatment for depression (STEPS): Study protocol for a pilot randomised controlled trial. *Trials, 15*(1), 452.
- 平石 界・池田 功毅（2015）．心理学な心理学研究——Questionable Research Practice——　心理学ワールド，*68*，5-8.
- Hislop, J., Adewuyi, T. E., Vale, L. D., Harrild, K., Fraser, C., Gurung, T., Altman, D. G., Briggs, A. H., Fayers, P., Ramsay, C. R., Norrie, J. D., Harvey, I. M., Buckley, B., Cook, J. A., & for the DELTA group (2014). Methods for specifying the target difference in a randomised controlled trial: The Difference ELicitation in TriAls (DELTA) systematic review. *PLoS Medicine, 11*(5), e1001645.
- Hoenig, J. M., & Heisey, D. M. (2001). The abuse of power: The pervasive fallacy of power calculations for data analysis. *The American Statistician, 55*(1), 19-24.
- Hvenegaard, M., Watkins, E. R., Poulsen, S., Rosenberg, N. K., Gondan, M., Grafton, B., Austin, S. F., Howard, H., & Moeller, S. B. (2015). Rumination-focused cognitive behaviour therapy vs. cognitive

behaviour therapy for depression: Study protocol for a randomised controlled superiority trial. *Trials*, *16*(1), 344.

- 石井 秀宗（2005）．統計分析のここが知りたい――保健・看護・心理・教育系研究のまとめ方―― 文光堂
- 石井 秀宗（2014）．人間科学のための統計分析――こころに関心があるすべての人のために―― 医歯薬出版
- 岩原 信九郎（1964）．ノンパラメトリック法――新しい教育・心理統計―― 新版 日本文化科学社
- Judd, C. M., Westfall, J., & Kenny, D. A. (2017). Experiments with more than one random factor: Designs, analytic models, and statistical power. *Annual Review of Psychology*, *68*, 601-625.
- Katz, M. H. (2010). *Evaluating clinical and public health interventions: A practical guide to study design and statistics*. Cambridge: Cambridge University Press.（カッツ, M. H.（著）木原 雅子・木原 正博（訳）（2013）．医学的介入の研究デザインと統計――ランダム化／非ランダム化研究から傾向スコア、操作変数法まで―― メディカル・サイエンス・インターナショナル社）
- Kenny, D. A., & Smith, E. R. (1980). A note on the analysis of designs in which subjects receive each stimulus only once. *Journal of Experimental Social Psychology*, *16*(5), 497-507.
- Konstantopoulos, S. (2008). The power of the test for treatment effects in three-level cluster randomized designs. *Journal of Research on Educational Effectiveness*, *1*(1), 265-288.
- 栗田 佳代子（1996）．観測値の独立性の仮定からの逸脱が $t$ 検定の検定力に及ぼす影響 教育心理学研究, *44*(2), 234-242.
- Levine, M., & Ensom, M. (2001). Post hoc analysis: An idea whose time has passed? *Pharmacotherapy*, *21*(4), 405-409.
- Löwe, B., Unützer, J., Callahan, C. M., Perkins, A. J., & Kroenke, K. (2004). Monitoring depression treatment outcomes with the patient health questionnaire-9. *Medical Care*, *42*(12), 1194-1201.
- Maas, C. J. M., & Hox, J. J. (2005). Sufficient sample sizes for multilevel modeling. *Methodology*, *1*(3), 86-92.
- Martell, C. R., Addis, M. E., & Jacobson, N. S. (2001). *Depression in context: Strategies for guided action*. New York: W. W. Norton and Co.
- 松原 望（2000）．必要とされるときの統計学 佐伯 胖・松原 望（編）実践としての統計学（pp.13-66）東京大学出版会
- McCally, L. T., & Midden, C. J. H. (2002). Energy conservation through product-intergrated feedback: The roles of goal-setting and social orientation. *Journal of Economic Psychology*, *23*(5), 589-603.
- McManus, S., Meltzer, H., Brugha, T., Bebbington, P., & Jenkins, R. (2009). *Adult psychiatric morbidity in England, 2007: Results of a household survey*. London: The NHS Information Centre for Health & Social Care.
- 森 敏昭・吉田 寿夫（1990）．心理学のためのデータ解析テクニカルブック 北大路書房
- Morris, P. E., & Fritz, C. O. (2013). Effect sizes in memory research. *Memory*, *21*(7), 832-842.
- 村井 潤一郎（1998）．情報操作理論に基づく発言内容の欺瞞性の分析 心理学研究, *69*(5),

401-407.
- 村井 潤一郎（1999）．恋愛関係において発言内容の好意性が欺瞞性の認知に及ぼす影響　心理学研究, *70*(5), 421-426.
- 村井 潤一郎（2006）．サンプルサイズに関する一考察　吉田 寿夫（編著）　心理学研究法の新しいかたち　(pp.114-141)　誠信書房
- Murayama, K., Pekrun, R., & Fiedler, K. (2014). Research practices that can prevent an inflation of false-positive rates. *Personality and Social Psychology Review*, *18*(2), 107-118.
- Murray, D. M., Varnell, S. P., & Biltstein, J. L. (2004). Design and analysis of group-randomized trials: A review of recent methodological developments. *American Journal of Public Health*, *94*(3), 423-432.
- 永田 靖（2003）．サンプルサイズの決め方　朝倉書店
- Nairne, J. S., Thompson, S. R., & Pandeirada, J. N. S. (2007). Adaptive memory: Survival processing enhances retention. *Journal of Experimental Psychology: Learning, Memory, and Cognition*, *33*(2), 263-273.
- 日本心理学会（2015）．執筆・投稿の手びき　2015年版　公益財団法人日本心理学会
- 大久保 街亜・岡田 謙介（2012）．伝えるための心理統計——効果量・信頼区間・検定力——　勁草書房
- 奥村 太一（2008）．階層的実験デザインにおける処遇の効果の検定力及び信頼区間幅について　駒澤大学心理学論集, *10*, 33-39.
- 奥村 泰之（2014）．非薬物療法の介入研究の必須事項　行動療法研究, *40*(3), 155-165.
- 奥村 泰之・伊藤 弘人（2010）．老年精神医学研究の進め方と発表の仕方（4）統計学・推計学的方法：老年精神医学研究に求められる検定力分析，標本効果量および信頼区間　老年精神医学雑誌, *21*(1), 93-100.
- Okumura, Y., & Sakamoto, S. (2011). Statistical power and effect sizes of depression research in Japan. *Psychiatry and Clinical Neurosciences*, *65*(4), 356-364.
- Paykel, E. S., Scott, J., Teasdale, J. D., Johnson, A. L., Garland, A., Moore, R., Jenaway, A., Cornwall, P. L., Hayhurst, H., Abbott, R., & Pope, M. (1999). Prevention of relapse in residual depression by cognitive therapy: A controlled trial. *Archives of General Psychiatry*, *56*(9), 829-835.
- 小野寺 孝義・山本 嘉一郎（2004）．SPSS事典——BASE編——　ナカニシヤ出版
- Psychonomic Society (2016). Instructions for Authors: Psychonomic Bulletin & Review. Retrieved from http://www.springer.com/psychology/cognitive+psychology/journal/13423 (August 19, 2016)
- Raudenbush, S. W. (1997). Statistical analysis and optimal design for cluster randomized trials. *Psychological Methods*, *2*(2), 173-185.
- Raudenbush, S. W., & Bryk, A. S. (2002). *Hierarchical linear models: Applications and data analysis methods* (2nd ed.). London: Sage.
- Raudenbush, S. W., & Liu, X. (2000). Statistical power and optimal design for multisite randomized trials. *Psychological Methods*, *5*(2), 199-213.
- Raudenbush, S. W., Spybrook, J., Congdon, R., Liu, X., Martinez, A., Bloom, H., & Hill, C. (2011). *Optimal Design Plus empirical evidence* (Version 3.0): Current (XP/Vista/Win7/Win8) version (3.01) of the Optimal Design program. Retrieved from http://hlmsoft.net/od/od-manual-20111016-v300.pdf (February 2, 2017)

- Rhodes, S., Richards, D. A., Ekers, D., McMillan, D., Byford, S., Farrand, P. A., Gilbody, S., Hollon, S. D., Kuyken, W., Martell, C., O'Mahen, H. A., O'Neill, E., Reed, N., Taylor, R. S., Watkins, E. R., & Wright, K. A. (2014). Cost and outcome of behavioural activation versus cognitive behaviour therapy for depression (COBRA): Study protocol for a randomised controlled trial. *Trials*, *15*, 29.
- Richard, F. D., Bond Jr., C. F., & Stokes-Zoota, J. J. (2003). One hundred years of social psychology quantitatively described. *Review of General Psychology*, *7*(4), 331-363.
- Richards, D. A., Ekers, D., McMillan, D., Taylor, R. S., Byford, S., Warren, F. C., Barrett, B., Farrand, P. A., Gilbody, S., Kuyken, W., O'Mahen, H., Watkins, E. R., Wright, K. A., Hollon, S. D., Reed, N., Rhodes, S., Fletcher, E., & Finning, K. (2016). Cost and outcome of behavioural activation versus cognitive behavioural therapy for depression (COBRA): A randomised, controlled, non-inferiority trial. *Lancet*, *388*(10047), 871-880.
- Rossi, J. S. (1990). Statistical power of psychological research: What have we gained in 20 years? *Journal of Consulting and Clinical Psychology*, *58*(5), 646-656.
- Schroeder, J., & Epley, N. (2015). The sound of intellect: Speech reveals a thoughtful mind, increasing a job candidate's appeal. *Psychological Science*, *26*(6), 877-891.
- 芝 祐順・南風原 朝和（1990）．行動科学における統計解析法　東京大学出版会
- 芝村 良（2004）．R.A. フィッシャーの統計理論──推測統計学の形成とその社会的背景──　九州大学出版会
- 繁桝 算男（2000）．仮説の統計的評価とベイズ統計学　佐伯 胖・松原 望（編）　実践としての統計学　（pp.147-178）　東京大学出版会
- Simmons, J. P., Nelson, L. D, & Simonsohn, U. (2011). False-Positive Psychology: Undisclosed flexibility in data collection and analysis allows presenting anything as significant. *Psychological Science*, *22*(11), 1359-1366.
- Spybrook, J., Hedges, L., & Borenstein, M. (2014). Understanding statistical power in cluster randomized trials: Challenges posed by differences in notation and terminology. *Journal of Research on Educational Effectiveness*, *7*(4), 384-406.
- 丹後 俊郎（2006）．クラスター無作為化試験　丹後 俊郎・上坂 浩之（編）　臨床試験ハンドブック──デザインと統計解析──　（pp.456-463）　朝倉書店
- 高橋 行雄・大橋 靖雄・芳賀 敏郎（1989）．SASによる実験データの解析　竹内 啓（監修）　SASで学ぶ統計的データ解析5　東京大学出版会
- Thabane, L., Mo, J., Chu, R., Cheng, J., Ismaila, A., Robson, R., Thabane, M., Giageohiro, L., & Goldsmith, C. H. (2010). A tutorial on pilot studies: The what, why and how. *BMC Medical Research Methodology*, *10*, 1.
- Thomas, L. (1997). Retrospective power analysis. *Conservation Biology*, *11*(1), 276-280.
- 東京大学教養学部統計学教室（1994）．人文・社会科学の統計学　東京大学出版会
- 豊田 秀樹（編著）（2009）．検定力分析入門──Rで学ぶ最新データ解析──　東京図書
- Trafimow, D., & Marks, M. (2015). Editorial. *Basic and Applied Social Psychology*, *37*(1), 1-2.
- 宇佐美 慧（2011）．階層的なデータ収集デザインにおける2群の平均値差の検定・推定のためのサンプルサイズ決定法と数表の作成──検定力および効果量の信頼区間の観点から──

教育心理学研究, *59*(4), 385-401.
- Usami, S. (2011). Statistical power of experimental research with hierarchical data. *Behaviormetrika*, *38*(1), 63-84.
- Usami, S. (2014). Generalized sample size determination formulas for experimental research with hierarchical data. *Behavior Research Methods*, *46*(2), 346-356.
- 宇佐美 慧・荘島 宏二郎（2015）．発達心理学のための統計学――縦断データの分析――　誠信書房
- Watkins, E. R., Mullan, E., Wingrove, J., Rimes, K., Steiner, H., Bathurst, N., Eastman, R., & Scott, J. (2011). Rumination-focused cognitive-behavioural therapy for residual depression: Phase II randomised controlled trial. *British Journal of Psychiatry*, *199*(4), 317-322.
- Westfall, J. (2016). PANGEA: Power ANalysis for GEneral Anova designs. Manuscript in preparation. Retrieved from http://jakewestfall.org/publications/pangea.pdf (October 11, 2016)
- Westfall, J., Judd, C. M., & Kenny, D. A. (2015). Replicating studies in which samples of participants respond to samples of stimuli. *Perspectives on Psychological Science*, *10*(3), 390-399.
- Wilkinson, L., & the Task Force on Statistical Inference APA Board of Scientific Affairs (1999). Statistical methods in psychology journals: Guidelines and explanations. *American Psychologist*, *54*(8), 594-604.
- 山田 剛史・村井 潤一郎（2004）．よくわかる心理統計　ミネルヴァ書房
- 山際 勇一郎・服部 環（2016）．文系のための SPSS データ解析　ナカニシヤ出版
- 山口 拓洋（2010）．サンプルサイズの設計――後悔先に立たず――　健康医療評価研究機構
- 山内 香奈（2013）．鉄道従業員教育におけるエビデンスを活用した推奨行動の促進教材の開発と評価　日本教育工学会論文誌, *36*(4), 361-373.
- 山内 香奈・菊地 史倫・村越 曉子（2014）．運転再開見込み情報の社内教育向け視聴覚教材の効果検証　鉄道総研報告, *28*(5), 35-40.
- 山内 香奈・菊地 史倫（2016）．鉄道従業員向けアナウンス研修の転移促進手法に関する実験的検討　教育心理学研究, *64*(1), 131-143.
- 柳井 晴夫（2000）．因子分析法の利用をめぐる問題点を中心にして　教育心理学年報, *39*, 96-108.
- Zumbo, B. D., & Hubley, A. M. (1998). A note on misconceptions concerning prospective and retrospective power. *The Statistician*, *47*(2), 385-388.

# 索引

## 数字・欧文・記号

1 群の母平均値の信頼区間 .................. 42
1 要因分散分析の効果量.................. 30
2 群の平均値差に関する $t$ 検定の効果量
................................................ 28
5-80 ルール ................................. 118
Cluster Randomized Trials (CRT) 型データ
　収集デザイン ........................ 131
Cohen の $d$ ..................... 28, 81, 94
Cohen の基準 .......... 2, 25, 117, 119
CRT ........................................... 131
G*Power ........................ 27, 64, 65
MRT ........................................... 131
Multisite Randomized Trials（MRT）型
　データ収集デザイン ............... 131
$N$ 増し ........................................ 14
PANGEA ................................ 69, 76
PANGEA による検定力分析 ........... 76
pwr パッケージ ....................... 33, 94
$p$ ハッキング ................................ 15
QRPs ............................................ 15
TrialSize パッケージ .................... 99
$\phi$ 係数 ........................................ 30

## あ行

1 群の母平均値の信頼区間 .................. 42
1 要因分散分析の効果量.................. 30
$N$ 増し ........................................ 14
エフェクトコーディング ............. 135

## か行

カイ 2 乗検定の効果量 ................. 29
階層線形モデル ......................... 133
階層データ ................................ 129

カウンターバランス ..................... 72
観察検定力 .......................... 11, 125
観測検定力 ................................. 11
帰無分布 ..................................... 28
級内相関係数（級内相関）....... 96, 136
クラスター無作為化試験 .............. 94
繰り返し ............................... 67, 76
クロス ........................................ 71
検定力 .................................. 10, 21
検定力分析 ........... 3, 22, 23, 65, 94, 117
効果量 ............................... 2, 24, 53
効果量の信頼区間 ..................... 124
Cohen の基準 .......... 2, 25, 117, 119
Cohen の $d$ ..................... 28, 81, 94
固定要因.................................... 73
5-80 ルール ................................ 118
混合モデル ................................. 84

## さ行

サンプルサイズ ............................ 5
サンプルサイズ設計 ...................... 1
サンプル数 ................................... 5
事後分析 .............................. 10, 125
事前分析 .................................... 10
G*Power ........................ 27, 64, 65
重回帰分析における検定の効果量......... 32
縦断データ ............................... 130
準実験 ...................................... 115
信頼区間 ...................... 3, 8, 42, 46
信頼区間に基づくサンプルサイズ設計
............................... 43, 102, 127
信頼区間の半幅 ............ 8, 43, 45, 103
信頼係数 .................................... 42
水準.......................................... 69
正確度分析 ................................... 3
相関係数の信頼区間 ..................... 58

165

相関比 ································ 31

## た行

対応のある2群の母平均値の差の信頼区間
　································ 54
対応のない2群の母平均値の差の信頼区間
　································ 50
停止規則 ······························ 3
同時信頼区間 ······················· 53
同等性マージン ···················· 89
同等性試験 ··························· 89

## な行

2群の平均値差に関する $t$ 検定の効果量
　································ 28
二段抽出 ··························· 129
ネスト ························· 70, 129

## は行

PANGEA ························ 69, 76
PANGEAによる検定力分析 ······ 76
$p$ ハッキング ······················· 15
非心度 ································ 28
非心分布 ····························· 58
標準化効果量 ·················· 85, 90
標準化された平均値差 ····· 28, 136
標準効果量 ··························· 3
標本検定力 ·························· 11
標本効果量 ················ 11, 12, 53
標本サイズ ··························· 5
標本数 ································ 5
標本の大きさ ························ 5
非劣性試験 ························· 88
非劣性マージン ················ 88, 98
$\phi$ 係数 ······························ 30
フィッシャーの $z$ 変換 ············ 58
プロトコル論文 ······················ 88

分散説明率 ···················· 31, 124
分散分割係数 ······················ 82
変量要因 ····························· 74
母集団効果量 ··············· 3, 11, 21
母比率の信頼区間 ··············· 103
ボンフェロニの不等式 ············ 53

## ま行

マルチレベルモデル ············· 133
無作為抽出 ······················· 129
無相関検定の効果量 ·············· 29

## や行

優越性試験 ························ 88
要因 ·································· 69

## ら行

ランダム効果モデル ············· 133
ランダム切片モデル ············· 144
例数設計 ······························ 1

**編著者紹介**

村井 潤一郎　博士（教育学）
1994 年　東京大学教育学部教育心理学科卒業
2001 年　東京大学大学院教育学研究科総合教育科学専攻博士後期課程単位取得退学（2004 年修了）
現　在　文京学院大学人間学部 教授

橋本 貴充　博士（工学）
2000 年　東京大学教育学部総合教育科学科卒業
2012 年　電気通信大学大学院情報システム学研究科社会知能情報学専攻博士後期課程修了
現　在　独立行政法人大学入試センター研究開発部 准教授

NDC141　174p　21cm

**心理学のためのサンプルサイズ設計入門**

2017 年 3 月 7 日　第 1 刷発行
2022 年 9 月 28 日　第 4 刷発行

| | |
|---|---|
| 編著者 | 村井潤一郎・橋本貴充 |
| 発行者 | 髙橋明男 |
| 発行所 | 株式会社 講談社 |

〒112-8001　東京都文京区音羽 2-12-21
　販　売　(03) 5395-4415
　業　務　(03) 5395-4415

編　集　株式会社 講談社サイエンティフィク
　代表　堀越俊一
〒162-0825　東京都新宿区神楽坂 2-14　ノービィビル
　編　集　(03) 3235-3701

本文データ制作　株式会社エヌ・オフィス
印刷・製本　株式会社 KPS プロダクツ

落丁本・乱丁本は，購入書店名を明記のうえ，講談社業務宛にお送りください．送料小社負担にてお取替えいたします．なお，この本の内容についてのお問い合わせは，講談社サイエンティフィク宛にお願いいたします．定価はカバーに表示してあります．

© Junichiro Murai and Taka-Mitsu Hashimoto, 2017

本書のコピー，スキャン，デジタル化等の無断複製は著作権法上での例外を除き禁じられています．本書を代行業者等の第三者に依頼してスキャンやデジタル化することはたとえ個人や家庭内の利用でも著作権法違反です．

JCOPY　〈(社)出版者著作権管理機構 委託出版物〉

複写される場合は，その都度事前に(社)出版者著作権管理機構（電話 03-5244-5088, FAX 03-5244-5089, e-mail: info@jcopy.or.jp）の許諾を得てください．

Printed in Japan

**ISBN 978-4-06-156567-8**

講談社の自然科学書

## Excelで今すぐはじめる心理統計
### 簡単ツールHADで基本を身につける
小宮あすか／布井 雅人・著
A5・217頁・本体2,800円

心理・教育系でよく使う分析手法に特化したExcel用無料ツールHADを使ってみよう。自分のPCで実行するからこそ統計の基礎もコツも実感できる。レポート、卒論も安心。

## Rでらくらく心理統計
### RStudio徹底活用
小杉考司・著
A5・203頁・本体2,700円

RStudioで心理統計が楽しくなる!! 統計ソフトRは意外と簡単？「心理統計」の講義に出てくる題材を自分のPCで実行してみよう。R、RStudioのダウンロード、インストールから実験計画の立て方、集計結果の見せ方まで収録。心理学に使うための要領がわかる。

## ステップアップ心理学シリーズ
### 心理学統計入門 わかって使える検定法
板口典弘／森数馬・著
A5・271頁・本体2,400円

「心理学って数学使うの？」と驚いた文系学生のために。なぜ統計なのか、どんなときにどの手法を使うのか、納得しながら身につけられる。学生の気持ちをよく知る著者による、ステップアップ型の親切な入門書。

## 臨床心理士指定大学院対策
### 鉄則10＆サンプル18　研究計画書編
河合塾KALS・監　渋谷 寛子／宮川 純・著
A5・207頁・本体2,600円

研究計画書の書き方・考え方が豊富なサンプルでわかる！河合塾KALS受講生が書いたサンプルで、良い点や改良すべき点など、計画書作成のポイントが一目瞭然。意外と知らない様式の決まりごとも伝授。研究タイトルリストも豊富に揃えているので、テーマ選びにも迷わない！

## 臨床心理士指定大学院対策
### 鉄則10＆過去問30　院試実戦編
河合塾KALS・監修　坂井 剛・著
A5・191頁・本体2,400円

大学院入試で出題された過去問の中から特によく出る良問を厳選し、300〜800字で論述させる問題を中心とした構成。合格に直結する答案の書き方を伝授。シリーズ他書と合わせて学べば合格確実！

## 臨床心理士指定大学院対策
### 鉄則10＆キーワード25　心理統計編
河合塾KALS・監修　宮川 純・著
A5・191頁・本体2,300円

心理統計のエッセンスがたった25キーワードでわかる！数学が苦手な学生でも基礎からしっかり学べて、大学院合格に必要な知識が身につく。用語定義リスト、試験傾向分析、大学院入試過去問も掲載。暗記用赤シート付き。

## 臨床心理士指定大学院対策
### 鉄則10＆キーワード100　心理学編
河合塾KALS・監修　宮川 純・著
A5・255頁・2,500円

入試に必須のキーワード100と合格への勉強法・鉄則10をパーフェクト解説！論述演習・4択問題も充実で合格に直結した勉強ができる。赤シートでさらに効率アップ！200字論述演習＋4択問題演習付き。改訂版DSM-5にも対応。

## 臨床心理士指定大学院対策
### 鉄則10＆キーワード100　心理英語編
河合塾KALS・監修　木澤 利英子・著
A5・237頁・本体2,500円

大学院入試に必須のキーワード100と英文読解の鉄則10をパーフェクト解説！"心理学編"と対応したキーワードで勉強しやすい。『ヒルガードの心理学』を題材に論述問題に慣れよう。暗記用赤シート付き。出題傾向分析、重要表現集、用語Q&Aなど付録も満載。改訂版DSM-5にも対応。

※表示価格には消費税(10%)が加算されています。

「2022年9月現在」

講談社サイエンティフィク　https://www.kspub.co.jp/